历史的丰碑

丛书

文学艺术家卷

俄国批判现实主义大师
托尔斯泰

付景川　编著

吉林人民出版社

图书在版编目（CIP）数据

俄国批判现实主义大师——托尔斯泰 / 付景川编著 .
-- 长春：吉林人民出版社，2011.4（2021.8 重印）
（历史的丰碑丛书）
ISBN 978-7-206-07638-1

Ⅰ．①俄… Ⅱ．①付… Ⅲ．①托尔斯泰，L.N.
（1828～1910）-生平事迹-青年读物②托尔斯泰，
L.N.（1828～1910）-生平事迹-少年读物 Ⅳ．
① K835.125.6-49

中国版本图书馆 CIP 数据核字 (2011) 第 037458 号

俄国批判现实主义大师 托尔斯泰

EGUO PIPAN XIANSHI ZHUYI DASHI TUOERSITAI

编　　著：付景川
责任编辑：孙浩瀚　　　　　封面设计：孙浩瀚
制　　作：吉林人民出版社图文设计印务中心
吉林人民出版社出版 发行（长春市人民大街7548号　邮政编码：130022）
印　　刷：北京一鑫印务有限责任公司
开　　本：787mm×1092mm　　1/16
印　　张：8　　　　字　　数：72千字
标准书号：ISBN 978-7-206-07638-1
版　　次：2011年4月第1版　　印　　次：2021年8月第2次印刷
定　　价：35.00 元

如发现印装质量问题，影响阅读，请与出版社联系调换。

编者的话

"欲知大道，必先为史"。

回溯人类的足迹，人们首先看到的总是那些在其各自背景和时点上标志着社会高度和进步里程的伟大人物。他们是历史的丰碑，是后世之鉴。

黑格尔说："无疑，一个时代的杰出个人是特性，一般说来，就反映了这个时代的总的精神。"普希金说："跟随伟大人物的思想是一门引人入胜的科学。"

以史为鉴，面向未来。作为21世纪的继往开来者，我们觉得，在知史基础上具有宽广的知识结构、开阔的胸襟和敏锐的洞察力应是首要的素质要求，而在历史的大背景中追寻丰碑人物的思想、风范和足迹，应是知史的捷径。

考虑到现代人时间的宝贵，我们期盼以尽量精短的篇幅容纳尽量丰富的信息，展现尽量宏大的历史画卷和历史规律。为此，我们编撰了这套丛书。

编撰丛书的过程，也是纵览历代风云、伴随伟人心路、吸收历史营养的过程。沉心于书页，我们随处感受着各历史时期伟大人物所体现的推动历史进步的人类征服力量。我们随着伟人命运及事业的坎坷与辉煌而悲喜，为他们思想的深邃精湛、行为的大气脱俗而会意感慨、拍案叫绝。

然而，在思想开始远游和精神获得享受的同时，我们也随之感受到历史脚步的沉重和历史过程的曲折。社会每前进一步都是艰难的，都伴随着巨大的痛苦和付出。历史的伟大在于它最终走向进步，最终在血污中诞生了鲜活的"婴孩"。

历史有继承性和局限性，不能凭空创造。伟人也有血肉，他们的思想、行为因此注定了同样具有历史的局限性和阶级的、时代的烙印；他们的功业建立于千千万万广大人民群众伟大创造的基础上。历史是人民群众创造的，伟大的人物们是历史和时代造就的。同时，我们也无法否定此间他们个人的努力。这也正是我们编撰这套丛书的目的。

我们期盼着这套丛书得到社会的认同，对读者，特别是青少年读者之历史感、成就感和使命感的培养有所裨益。史海浩瀚，群星璀璨。我们以对广大青少年读者负责的精神，精心遴选，以助力青少年成长进步，集结出版了《历史的丰碑》系列丛书，敬请读者批评、指正。

历史的丰碑丛书

亚斯纳雅·波良纳,位于莫斯科以南200公里的一片"明媚的林中空地"。18世纪末,这里成了一个贵族世家的居所,以景致优美著称。

随着时间的推移,当俄罗斯步入19世纪末至20世纪初社会动荡最激烈的岁月,由于一个人物的诞生及他一系列的紧张思考和著作等身的创作活动,这一方灵秀之地即成为整个俄国思想文化界关注的中心,世界进步舆论界瞩目的精神"圣地"。若干年后,当这个人长眠于亚斯纳雅·波良纳森林的峡谷旁时,墓前朴素得没有一块墓碑。然而事实上,在他为俄国人民、为整个人类的精神发展书写新的篇章时,历史已将他的名字刻记于人类史册,成为永恒的丰碑。

他,就是俄国大文豪列夫·尼古拉耶维奇·托尔斯泰——一个将俄罗斯文学提高到世界第一流水平的作家群中的泰斗。

目　录

童年时代　　　　　　　　　　◎ 001

少年时代　　　　　　　　　　◎ 011

从喀山到莫斯科、波得堡　　　◎ 019

从军人到作家　　　　　　　　◎ 029

最美好、最富有诗意的事情　　◎ 038

创作热情再度勃发　　　　　　◎ 052

尽善尽美之作　　　　　　　　◎ 065

一部铁面无情的书　　　　　　◎ 076

天才比死亡更有力量　　　　　◎ 095

巨星陨落　　　　　　　　　　◎ 106

历史的**丰碑**丛书

童年时代

> 我相信有那么一个小木棍，上面写着
> 应当消灭人世上的一切罪恶，给人们最大
> 的幸福。
>
> ——托尔斯泰

亚斯纳雅·波良纳庄园的创建人尼古拉·谢尔盖耶维奇·沃尔康斯基是托尔斯泰的外祖父。他7岁取得军籍，27岁做近卫军上尉，成为女皇叶卡杰琳娜二

→波良纳庄园的托尔斯泰故居

托尔斯泰庄园的大门是两座白色的圆筒形小塔楼，分左右把守着，那是托尔斯泰的外祖父，一位俄国有名的将军沃尔康斯基公爵所建，这或许也反映了这位军人的风格。据说当年还派有农奴在这里当门卫。这个独具特色的大门已经成了托尔斯泰庄园的象征。

世的侍从官；参加过俄土战争，受过奥地利国王的召见，官至将军；退役后择亚斯纳雅·波良纳为宅地，倾心抚育独生女儿玛丽雅·尼古拉耶夫娜·沃尔康斯卡雅，不仅传授她知识，而且使她在精神与体质上得到全面发展。5岁时，她已经能用俄语和法语流利地阅读，以后又掌握了英语、德语和意大利语。12岁时，她已熟读了大量欧洲古典名著，并擅长作诗、绘画，常用动人的琴声使父亲得到精神的慰藉。当女儿成年后，父亲常常带着她游览于城镇与乡间，陶醉在俄罗斯大地的自然景色之中。对于刚刚涉世的年轻姑娘来

说，最激发她兴趣的是出自劳动者手中的各种精美的
产品，她为此赞叹不已，由此形成了重实践、重创造
的生活态度，并很早就表现出对劳动人民（尤其是农
民）的理解和同情。这对她的子女产生了重要影响。

　　自然，尽管玛丽雅不重钱财，但在父亲死后，她
仍成了庄园的主人，继承了一笔极为可观的遗产。也
就在这不久，一位参加过1812年卫国战争的退役青年
贵族尼古拉·伊里奇·托尔斯泰走进了庄园，与她结
成良缘。婚后，尼古拉·伊里奇合家迁居亚斯纳雅·
波良纳。

→托尔斯泰故居

　　尼古拉·伊里奇是托尔斯泰伯爵世家的后代，家族谱系可追溯到彼得大帝时代。先祖曾显赫一时，受封为伯爵，可祖父挥霍无度，致使家道中落。到了尼古拉·伊里奇这一代，不得不靠投娶富有的贵族小姐来摆脱窘困家境。幸运的是，年轻的尼古拉·伊里奇并不像母亲那样视婚姻为一种单纯的交易。他很爱比自己年长的玛丽雅，婚后夫妻生活十分美满、和谐。丈夫负责庄园的经营管理，妻子沉浸于读书的欣悦，与她喜爱的诗人杰尔查文、茹可夫斯基进行着心灵的对话。

　　一年后，长子尼古拉降生。以后4年，次子谢尔盖、三子德米特里又先后来到人间。玛丽雅全身心地投入到哺育孩子的事业中。她尝试着在贵族世家的生活氛围里实行一种新式教育，尽量让孩子们多接触自然，了解人们的活动：带他们到森林里散步，到更远的沃龙柯河滨观察激流中的航船，到古老的磨房中感受劳动的艰辛。她还自编了许多童话，让孩子们坐在树下，一边咀嚼着蘸了盐的黑面包，一边聆听她讲的故事。她讲的是那么有趣，常常吸引不少成年人。在她的日记中记载着孩子们的言行及其所显露出来的优、缺点。她细心地观察每个孩子的特性，因势利导地采取不同的教育方式，培养他们具有毅力，对自己的行

从托尔斯泰庄园故居大门入口，有一条由高大的白桦树丛组成的林荫大道，一直通向住房楼。托尔斯泰一家人习惯称它为"大街"。那些白桦树也是他外祖父亲手种的。从童年时代就喜爱这条大街。

为认真负责，并勇于正视自己的过失。很显然，将全部爱心倾注在孩子身上的玛丽雅，对子女的教育已经超越了贵族家庭和母性的局限。她对子女的期望和培养，并不着眼于一个合格的财产继承人或守业者，而是要他们真诚、谦逊、正直、无畏，"应该像那曾经杰出地为祖国服务过的父辈一样"，这是一个富有强烈责任意识的俄罗斯妇女的拳拳之心。不幸的是，当四儿子小廖瓦（列夫·托尔斯泰的爱称）一岁半时，她便过早去世。幼小的托尔斯泰还不可能理解母亲教诲的意义。但凭着亲友的讲述和回忆，他的心灵深处一直久存着母亲鲜明的形象，以至于他年已八旬时，还由于回忆起自己的母亲而眼眶里滚动着泪水。更重要的是，对母亲永恒的记忆，后来衍化成一种源源不断的内驱力，推动他建立起一个充满深厚情感、道德理想和执著追求的精神世界。

母亲去世后，照看孩子的责任便由达吉亚娜·叶尔果尔斯卡雅姑母承担。她个子不高，性格温柔，心肠极好，虽是托尔斯泰家的远亲，却像亲生母亲一样爱孩子，对小廖瓦尤其怜爱。因此，在托尔斯泰的记忆中，童年生活是愉快的、幸福的，富有诗意，充满神奇的幻想。夏日，他们骑马到格鲁曼特村去野游，与村民一起捕鱼和野餐。冬天，他们同农民的孩子一道上山滑雪，观看人们打猎，或在夜里围成一圈玩"传卢布"游戏，听大人们讲故事。最使孩子们感到快乐的是圣诞节的化装舞会。在由农奴组成的乐队伴奏下，人们载歌载舞，忘记了老幼尊卑。亚斯纳雅·波良纳庄园内的生活始终是和睦的，很少有虐待农奴的事件和丑行发生。除了财产的悬殊和身份上的差别，相对的人生自由，待人处世奉行约定俗成的善良原则，使这里成了沙俄时代野蛮农奴制下的一块"绿洲"。托尔斯泰后来把自己童年生活的特点之一归之为"天真的愉悦"，正是基于这样特殊的生活环境。于是，他幻

想着要使人们都幸福、愉快和满足。

　　有一次，长兄尼古拉向三个弟弟说，他知道一个秘密：在峡谷旁的老林里埋着一根小绿木棍，上面写着"关于如何使所有的人不遭受任何灾难的秘密"，一旦这个秘密被发现，所有的人都会得到幸福，不再有疾病和不幸，大家将像蚂蚁兄弟一样同心协力，相亲相爱。尼古拉讲述的故事，使兄弟们激动不已，他们凭着想象，做起了蚂蚁兄弟的游戏，大家坐在凳子下，挂上头巾，摸着黑互相倚靠着，相互间听见了心房的跳动。事后，托尔斯泰久久不能忘怀。他想，尼古拉讲述的这个有着永恒魅力的人类幸福的幻想，一定是从母亲那儿听到的，因为母亲对自己周围的一切人，都怀着喜爱和善良的情感。托尔斯泰确信，一定有那么一根小绿木棍，上面写着应当消灭人世间的一切罪恶、把幸福带给整个苍穹之下的所有人。

庄园附近广阔的田野，陶冶着托尔斯泰的心灵。

←托尔斯泰故居书房

　　8岁前的整个童年生活中，小廖瓦一直没有离开过大自然的怀抱。森林、草地、峡谷，陶冶了他的性情，培养了他最初的艺术感受力，也给他带来许多奇思异想，使他常常做出一些人们意想不到的举动。他幻想像鸟一样在空中飞起来。当这种愿望越来越急切时，他便上到顶楼，打开窗户，跃身跳出。家人四处寻找他，发现他摔在园子里，已经失去了知觉。后来他仍认为，"如果两手抱住自己的膝盖，把它抱得尽量紧些，是能够飞起来的。"

　　有一次，一家人乘马车返回亚斯纳雅·波良纳，车里却没有小廖瓦。往前一瞅，他正在前面奔跑。大家想赶车追上他，他却加快速度不让马车追上。一直

　　托尔斯泰庄园有一个很大的池塘，童年的托尔斯泰在池中游泳、钓鱼，老年的托尔斯泰曾在冬天冰冻的池面上锻炼身体。

到筋疲力竭，瘫软在地上，他才让人们把自己抱到车上。以后的大半生，托尔斯泰屡有令人难解的思想言论和举动，大都与他崇奉自然、尊从自然法则有关。他喜爱朴素、真诚、善良，认为这些都派生于自然，从中酿造出他的道德理想。而与此形成对立的是浮华造作的御用文化，虚伪的官方教会，野蛮的专制制度，这些成为他终其一生的批判对象。

　　事实上，童年对于托尔斯泰并不完全都是快乐和愉悦。随着年龄的增长，他开始敏锐地感觉到生活中存在着不平与伤心的事，有了精神上的苦恼。他看不惯周围的人哀落自己善良而又迂腐的教师；厨子瓦西里被解雇离开亚斯纳雅·波良纳，他脸上的笑容因此大减；雏鸦从巢里掉到地上摔死，也能引起他的无限伤感。

孩子们发现，即将进入少年时代的小廖瓦常常伤心落泪，就是在玩耍时，也时常显得沉郁寡欢。他对自己在性格和处世中的矛盾同样感到不安。作为一个天真纯朴、一心向善的孩子，他与仆人和农奴的关系是温存的、和睦的。但他毕竟是小主人、小老爷，家奴们在称呼他时，也得叫他父名和大名，恭敬地称他为"您"。

贵族的身份，家族的声威使托尔斯泰有时不由自主地流露出优越感。一次，备受家人尊重的老管家娜达丽雅称了他一声"你"，遭致他盛气凌人的指责。事后，他对自己的行为表示忏悔，得到了娜达丽雅的谅解。但他却不能因此忘却，陷入长时间的苦恼。托尔斯泰一生最重要的精神特质之一——强烈的反省意识，就是由此而萌发的。这种具有精神觉醒意义的个人苦恼，不断浓化着他心灵世界的道德色彩，同时又促使他力图去探求社会与人生的秘密。

← 托尔斯泰庄园的白色餐厅

少年时代

> 那时我虽然是朦胧地但却是深刻地感
> 到我生活的主要目的，就是成为一个好人。
>
> ——托尔斯泰

　　1837年初，为了给孩子更多的受教育机会，托尔斯泰一家迁居莫斯科。但不久，父亲因脑溢血突发猝然去世，家庭随之发生变故，加上都市生活开销太大，达吉亚娜姑母带着小廖瓦和他的两个兄妹重返亚斯纳

→莫斯科托尔斯泰故居博物馆

← 波良纳托尔斯泰庄园

雅·波良纳。莫斯科之行不过一年，但所见所闻给托尔斯泰打开了一个陌生的世界，激起了9岁孩子的思考。他后来在《少年》一书中写道："读者，你曾否在生活中的某一个时期偶然地觉察到，你对事物的观点完全起了变化，好像以前看到的一切都突然把它一向为你所未见的另一面转过来向着你？在这次旅行中，这种精神上的转变首先在我身上发生，因此我把这次旅行当作我少年时期的开始。"他第一次在脑海中产生了这样的问题：那些居住在沿途乡村和城镇的人们，"他们靠什么生活？生活得怎么样？他们怎样教育自己的子女？教给他们念书吗？让他们自由玩耍吗？怎样处罚他们呢？等等"。托尔斯泰以一系列的思考结束了

自己的童年。

进入少年时代的托尔斯泰，保持和发展着童年时期已经显露出来的素质：敏锐的观察力，丰富的情感世界，旺盛的求知欲。所不同的是，对俄罗斯的历史和现实的强烈意识，开始成为他精神活动的一部分。

他惊叹不已的目光，流连于克里姆林宫灿烂的金顶，注视着肃然竖立的白色石墙，回想起父辈讲述的1812年的卫国战争，心中升腾起一种炽烈的悲壮感和自豪感。年仅11岁的他在笔记中写下这样的文字："克里姆林宫多么雄伟壮观啊！……这座白色石墙下记忆着曾在石墙下丧失了自己全部幸福的伟大天才和英

俄罗斯克里姆林宫这一世界闻名的建筑群，享有世界第八奇景的美誉。

雄，目睹了不可战胜的拿破仑军队的耻辱和溃败，在石墙下升起俄罗斯摆脱异族统治的解放曙光……莫斯科河目睹了莫斯科城从过去一个无人知晓的村落，后来逐渐发展、壮大成一座城市；它也目睹了莫斯科城的一切不幸和荣誉，最后它迎来了人们对莫斯科的崇敬。"

普希金（1799—1837），是俄国著名的文学家、伟大的诗人、小说家，及现代俄国文学的创始人。

年龄的增长，也逐步丰富了托尔斯泰对少年时期友情的感受。他对伙伴的理解不再仅仅是纯真的喧闹与取乐，共同的爱好、情趣使他有了新的同伴。最值得托尔斯泰珍视的，是与穆辛—普希金兄弟的结识。他们是托尔斯泰家族的远亲之子。其父亚·戈尔恰科夫在彼得堡皇村中学读书时，与俄国诗圣亚·普希金是同窗，曾以有关普希金的故事令孩子们激动不已。托尔斯泰自小就在父亲的书房认识了普希金，还不到8岁，便能津津有味地朗读这位大诗人的作品，令在场的人们十分惊讶。正是普希金及其诗作，使几个少年结下了深厚的情谊。这是一种欢乐的、纯洁的、略带

→普希金塑像

腼腆的情感交流。多少年后，托尔斯泰在中篇小说《童年》中写道：“这种感情我不能向世上的任何人吐露，我是那样珍重它。……我……毫无奢望，毫无所求，情愿为它牺牲一切。”

友谊、情感和见识，强烈地刺激着托尔斯泰的英雄主义幻想。他有时想象自己是一个将军，指挥千军万马驰骋在俄罗斯大地，有时想成为从惊马蹄下救出垂危生命的侠士，有时又想象自己冲进燃烧的房子里，抢救出妇女和儿童。然而现实生活却常常消散幻想的玫瑰色迷雾，让他直面人生的另一面——从家庭到社会都存在的不幸、痛苦和灾难。

由于父亲去世，亲姑母奥斯丹-萨肯伯爵夫人成为孩子的监护人。这个思想守旧、古板的女人给孩子请来一位新的家庭教师——圣-托马，以代替性格随和、深受孩子喜爱的老费多尔·伊凡诺维奇。圣-托马带有法国贵族式的高傲，喜欢高谈阔论，对孩子态度专横，甚至不惜以野蛮的体罚来实施"教育"。托尔斯泰在中篇小说《少年》中回忆道："我永远也不能忘记那个可怕的时刻，圣-热罗姆（即实际生活中的圣-托马）用手指着他面前的地板，命令下跪，我站在他面前，气得脸色苍白，我心里想，与其跪在他面前，倒不如死去。他使劲按我的肩膀，摇晃我的脊背，终于使我跪了下去"。圣-托马的严苛惩治，激起托尔斯泰的厌恶和仇视。虽然晚年出自博爱和宽恕的道德信念，已与之和解，但这可怕的一幕令他终生难忘。他一生对暴力断然采取激烈的批判态度，对沙皇国家机器毫不妥

← 托尔斯泰庄园

协的仇恨和抗议，其最初的心理感受正源于此。

对现实中的"另一面"见得多了，也改变了托尔斯泰对乡村生活的看法。从莫斯科返回亚斯纳雅·波良纳，他如同过去一样投入大自然的怀抱，跟农奴的孩子一起在院子里玩耍，却无法获得昔日曾有过的"天真的愉悦"。他第一次发现，衣衫褴褛的农民及其孩子们的惨相目不忍睹，贵族生活与普遍的贫困和愚昧形成鲜明对照。他开始觉察到农奴们对老爷们的怨愤，连一贯胆小驯顺的马车夫库兹玛也脸色阴沉地闯向谷仓，结果被管家带到棚子里，用鞭子抽了一顿。这一切令他吃惊得呆若木鸡。1840年，图拉省发生了旱灾，许多农民饿死于破屋、荒野，农奴制下的乡村，

→ 托尔斯泰故居

以其空前的危机引起了年仅 12 岁的孩子的关注。

农村经济的萧条也冲击着贵族世家。艰难、繁重的庄园管理事务损害了奥斯丹-萨肯伯爵夫人的健康，宗教

托尔斯泰故居二楼大厅一角，托尔斯泰常和朋友们在这里下国际象棋。

斋戒更加剧了她的虚弱。不久，她便离开人世。居住在喀山的另一个亲姑母尤施柯娃愿意成为孩子们的新监护人，但要求他们迁居喀山。这一要求在情感上无疑是残酷的，它意味着达吉雅娜必须与她精心照料了 12 年的孩子们分离。

经过一番愁肠欲断的道别，沐着萧瑟的秋风，托尔斯泰兄妹踏上了通向喀山的旅程。达吉雅娜孤独地留在亚斯纳雅·波良纳，她觉得屋外的风声好似孩子们的笑语。托尔斯泰多年后回忆道，在离别的时刻，他才真正懂得了达吉雅娜对他的意义。她无私、纯真的母爱，善良、宽厚的待人和处世，对托尔斯泰一生具有重要影响。

从喀山到莫斯科、彼得堡

> 改造整个人、根除人间的一切罪恶，这些都是可能的，只不过需要人有美德而已。
>
> ——托尔斯泰

位于伏尔加河中游地区的喀山，是沙俄时代东西部最大的城市，贵族地主寻欢作乐的"福地"。尤其是冬季，灯红酒绿、曼舞轻歌，成为这里最司空见惯的夜景。托尔斯泰兄妹基本是在乡村长大，对这座风气浮华的城市颇感陌生。尤施柯娃姑母举止造作，贵族气派十足，连"一张沙发往哪儿放，对她来说都是一件大事"。孩子们对她很难产生亲切感。托尔斯泰意识到，不再会有一个母亲般的人关怀和扶持自己了，今后需要自立。他觉得这是他青年时代的开始，"我应该按着自己的想法而生活，按照自己的想法选择道路"。但要真正自立，何其艰难！尤其对于他这样一个习惯了享乐生活，而又勤于思索，追求真与善的青年来说，不知要经过多少磨难。

他首先想到的是应该学会忍受生活中的一切不幸、一切困苦。于是他自找苦吃：把双手伸到火炉上猛烤，然后又伸到通风窗口冷冻；或将厚重的书籍举过头顶，直到不能坚持为止；他甚至用鞭子抽打自己，忍受着疼痛，不惜出现血痕。他还思考了自我、宗教与生活意义的关系。费希特、谢林、伏尔泰的书使他在各种观点间徘徊。他思考的问题是那样宏大，年纪、经历和知识修养却使他难以负荷，因此常常陷于接受——怀疑——相信——动摇的思维怪圈。不过，一种对待生活的新观点在朦胧中形成，这就是他写于中篇小说《青年》中的一段话："人的使命就是力图达到道德上的自我完善，这种完善是可能的，永无止境的。"他后来的一生都是在不断明确、深化和实践这一观点。

1844年，16岁的托尔斯泰申请报考喀山大学东方语系。除了亲友的影响，促成这种选择的主要原因，是东方问题在19世纪40年代国际政治格局中占有重要地位。但考试下来成绩不理想，后经补考，

伏尔泰（1694—1778），法国启蒙思想家、文学家、哲学家。

→喀山大学

才被批准入学。学习不到一年，他对专业课程大失所望，于是转到法律系，但仍不满意。尤施柯娃姑母竭力把他拉进喀山上流社会生活圈，带着他出入各种舞会和晚宴，拜访名门显贵，要让他在珠光宝气、媚眼娇笑中彻底贵族化。托尔斯泰对"规矩的"贵族考究的服饰、文雅的风度也很感兴趣，但这个来自亚斯纳雅·波良纳的青年身上，永远有一些与贵族社会格格不入的东西，这就是求真、求善及对待生活的严肃态度。因此，尽管上流社会对昔日喀山省长的孙子慷慨地敞开大门，殷勤地接纳他，他却像忧郁的哈姆雷特王子，带着不成熟的冷淡表情，鄙夷地扫视着周围的人。贵族少女们声称，与他跳舞是一件沉闷乏味的事。

在贵族生活圈里，托尔斯泰没有找到精神上的知己，喀山大学生中的另一部分人却引起他的注意。这些小公务员或下层僧侣的子弟，经济条件窘困，大部分在神学校完成中学教育。进大学后过着半饥半饱的生活，靠做家庭教师支撑学业。但在精神和气质上，他们却比贵族学生优越得多。他们有生活目标，求知欲旺盛，勤于思考，长于实践，联系大众，被称为平民知识分子。托尔斯泰虽然在许多重要思想观点上与他们相距甚远，却十分敬重他们，这反映了他已经开始以人的道德情操，人格尊严和平等观点，批判地对待周围的人和环境。在这方面，他与著名法国启蒙思想家、文学家卢梭息息相通，并视之为自己的精神先驱。他所列举14—20岁时，对自己产生重大影响的书目中，卢梭的三部代表作《忏悔录》《爱弥儿》《新爱洛伊丝》摆在十分突出的位置。其中，"回归自然"，过普通人生活的观点，以及敢于解剖自身，激烈抨击社会不平等的勇气，深得托尔

卢梭（1712—1778），法国伟大的启蒙思想家、哲学家、教育家、文学家，是18世纪法国大革命的思想先驱。

斯泰的理解和仿效。每到假期，他便带上书本返回故居，穿上自己剪裁、缝制的粗布衣裳，出没在桦林里，憩息在池塘旁，体会融入自然、物我一体的感受，敞开博爱的心怀。

由于对亚斯纳雅·波良纳的迷恋，与对喀山贵族生活的厌恶同步增长，托尔斯泰越发觉得死板、贫乏的大学课程，无法满足自己早已发轫的精神追求。他所思考的社会问题都与农民的生存状况与命运有关，而喀山却险些割断他与农民的联系。于是，他决定与喀山告别，大学尚未毕业，就申请退学离校。

托尔斯泰再度归居亚斯纳雅·波良纳。不久，兄妹5人聚集于此，正式在分配祖遗财产的文书上签字。几个兄妹分到了较殷实的领地，托尔斯泰却对亚斯纳

→喀山国立大学

雅·波良纳情有独钟，并希望达吉雅娜姑母永远和他生活在一起。以后的事实表明，他对领地的经营管理缺乏兴趣，致使其收入每况愈下。但土地却与他一直关注的农民问题联系在一起，成为他从事农事改革的基地。他走进农家，来到地间，察看破旧的茅屋，目睹不堪忍受的繁重劳动，十分震惊，不禁反躬自省："不关心这些人的命运，难道不是一种罪过吗？"他设想通过开办学校、医院、购买农业机械来改善他的领地上农民的境地。这些想法使他既兴奋又不安。他为自己制订了农事改革的计划和日程安排：规定好什么时间会见农民和家仆，巡视农舍；什么时间召开村社会议，讨论给什么样的人以救济。他开仓放粮以赈灾民，划分森林让农民参加经营管理，并断然取缔了对农奴的肉体惩罚。这一切都引起了周围地主的不满，诅咒他的叛逆行为，而农民则以冷漠和怀疑回报年轻主人的改革善举。长期形成的愚昧落后使他们拒绝接受新的变化：他们不愿意使用机械；目不识丁的老农要求让自己的孩子退学；双腿浮肿的农妇拒绝上医院。整个改革遭到失败，年轻的托尔斯泰陷入窘境，不得不用琴声宣泄自己的苦闷。多年后，托尔斯泰写下了中篇小说《一个地主的早晨》。年轻的主人公涅赫留朵夫幻想着把自己事业的纲领建立在帮助农民上，甚至

→托尔斯泰故居的书房

勾画过实现这一纲领后"光明灿烂、幸福的前景"。他中途退学回乡，在自己的领地上减租减役，试图使农民摆脱贫困状态，过上富裕生活，享受教育，克服由于愚昧和迷信而产生的缺点，发展他们的道德情操。但农民由于长期的痛苦经验，根本不相信老爷，漠然对待他的"恩泽"，他陷入痛苦和惶惑。以贯穿托尔斯泰整个创作的心灵探索来说，《一个地主的早晨》是一重要的篇章。它寻求在农奴制下通过改善农民生活，以协调地主和农民关系的道路，融进了作者贵族自由主义改革的切身体验，因此能够"钻到农民的心灵中去"，揭示出俄罗斯农民性格的主要特色。它最重要的价值还在于，揭示了地主和农民之间的鸿沟，"哪怕要求接近的心愿完全无私和极端诚实"，也无法消除其间的隔膜。这是在他之前任何一个俄罗斯作家都不曾达到的清醒和真实，从这个意义上说，托尔斯泰的改革探索虽败尤成，它显示了托尔斯泰从精神和实践两个方面的发展，是他从青年时代向更为成熟时期的过渡。

农事改革失败后，托尔斯泰继续对自己的生活道路做了种种探索和尝试。其间，挫折多于成功，甚至有过迷途，而这正是他走向灵魂净化必经的痛苦过程。

1848年，托尔斯泰前往莫斯科，本想参加大学结业考试，却被放荡的贵族纨绔子弟所引诱，迷于玩牌，欠下债务，近四个月生活得"杂乱无章，既无职业，又不工作，毫无目的"。达吉雅娜姑母信中的衷劝使他有所醒悟，对自己放任沉湎于上流社会生活"感到不安"。于是，他改道前往彼得堡。沙俄时代的京都看上去文化氛围较浓，托尔斯泰带着最初的良好的印象，准备参加法学学士考试。但一群"外表上楚楚动人"的贵族青年很快包围了他。于是，他身上又重现莫斯科生活的荒唐，诸如与名媛结婚、谋取美缺、钻营于官场的念头，也曾出现于他的脑海。"可诅咒的"债务搅得他心神不安。他力图有所事事，计划报考公职，也想过从军，或到外交部任职，可均半途而废。如果就此下去，无疑将会葬送一个未来的天才。但托尔斯

↑1849年，托尔斯泰在彼得堡。

泰的过人之处，就在于他具有自觉的反省意识和剖析自己的能力。在他心猿意马的生活状态背后，是紧张激烈的内心活动。他严厉地自责，"我生活得完全像头畜牲，虽然并不完全放荡，但自己的工作全抛弃了，精神极度沮丧"，这是"不能令人容忍的愚蠢"，"使我多么痛心"。几年的都市生活，使他体察到上流社会对人的极大腐蚀。贵族青年的生活环境"往往使他们倾向疏懒"，容易成为这种腐蚀力量最直接的牺牲品。由此，他断定上流社会在精神和道德上是有罪的，并从自身做起，寻求戒除罪恶的途径。这一出自痛苦体验的思想成果，在托尔斯泰以后的精神生涯中始终具有极其重要的影响。他一方面加快道德自我完善的步伐，在坚持了近半个世纪的日记中记述自己最隐秘的思想，苛责自己的缺点：虚伪、怠惰、急躁、散漫和缺乏持之以恒。另一方面，通过紧张的社会探寻，为贵族青年知识分子寻找一条悔过自新的出路，直至提出了"从本阶级出走"的问题。10多年后问世的中篇小说《哥萨克》，第一次明确表达了这样的意念。

← 彼得堡

从军人到作家

无论任何艺术流派都不能脱离社会生活。
艺术作品中的主要东西，是作者的心灵。
——托尔斯泰

1851年春，托尔斯泰随在军队任职的长兄前往高加索，以从军作为远离上流社会的重大行动。他一路饱览伏尔加河沿岸的自然风光，感到心旷神怡，认为这是"他一生中最快乐的时光之一"。

高加索的军旅生活，多方面地丰富了托尔斯泰的精神世界。经过士官生考试，他被任命为炮兵下士，参加了对当地山民的战争。战斗十分残酷，敌方炮弹曾炸毁他大炮的轮子，但他仍镇定自若，临危不惧，很快晋升为准尉。这并没有给他带来特别的喜悦。他对高加索战事的感情十分复杂。19世纪中叶，高加索是沙俄政治、经济、宗教和种族矛盾激化的残酷斗争舞台。当地土著居民在狂热的宗教煽动下，经常对附近的俄罗斯军队和居民发动袭击，造成流血冲突。为了保障边民的安全，需要用武力遏止宗教和种族仇杀。

但托尔斯泰不赞成俄国军队对山民采取的残暴手段。军队中官僚层的腐化堕落，更使他感到不满。唯一给他带来慰藉的，是高加索雄奇的自然景观和古朴的民风。他在给亲友的信中写道："这里的风光，从泉水发源的地方开始，奇特美妙；高大的石山雄伟壮丽，有的巨石重叠，有的互不衔接，构成了窟窟洞穴；还有些巨石高悬半空，沸腾的泉水顺流而下，激流不断冲刷着它的表面，发出轰轰的响声。特别是一到清晨，从沸腾的泉水不断升起的白蒙蒙雾气笼罩着山巅。……整天都有鞑靼女人在磨坊上下的地方洗衣服，……她们虽然很贫困，东方式的装束却很诱人。一群花容月貌的女人和山区奇特壮丽的美景简直构成了一幅迷人的图画。"

融身心触于高加索天地之间，使托尔斯泰在闻嗅

←美丽的伏尔加河

→军人托尔斯泰·1854年

硝烟的战时环境中追寻着逝去岁月的印记，迸放出文学创作的冲动。军务之余，别的军官饮酒打牌、狂欢作乐，他却独居一处，紧张地阅读、写作，时而陷于沉思，时而奋笔疾书，丝毫不在乎周围人异样的目光和冷嘲热讽。经过一年的努力，他写出了《童年》的初稿。又经4遍修改，才带着惴惴不安的心情，寄给颇有名气的《现代人》杂志，署名仅为Л·Н（列夫）。两个月后接到的回信使他欣喜万分。信是杂志主编、著名诗人涅克拉索夫亲笔写的，他对书稿予以充分的肯定，认为"作者的倾向、内容的朴素和真实，是这部作

涅克拉索夫(1821—1878)，俄国著名的诗人，最杰出的革命民主主义歌手。

品的突出优点"，表示对作者创作才能"极为重视"，并建议托尔斯泰"不要用单独的字母署名，而用真名发表"，他相信这个初显艺术才华的作者，不会是文坛上偶然一现的过客。

《童年》很快在《现代人》杂志上连载发表。它以诗意的笔调，描述了主人公尼考林卡·伊尔杰涅夫无比幸福而又长逝不返的童年时光，揭示了他充满欢乐与忧伤的情感世界。他生于贵族家庭，聪慧、纯真，热爱大自然，以一颗稚嫩、善良的童心对待亲友、家仆及身边的其他人，并很早就学会对自我和周围环境进行观察、分析。他幻想美好、和谐，相信自己所生活的这个世界也是这样的。如此尽染儿童心绪的生活写真，成为作品中最亲切感人，绚丽多姿的部分。但随着观察能力的逐步加深，他发现了生活中存在阴暗面，内心里构筑的儿童世界逐渐破裂，痛苦和不安使他以新的眼光看待周围的一切。

按照托尔斯泰的艺

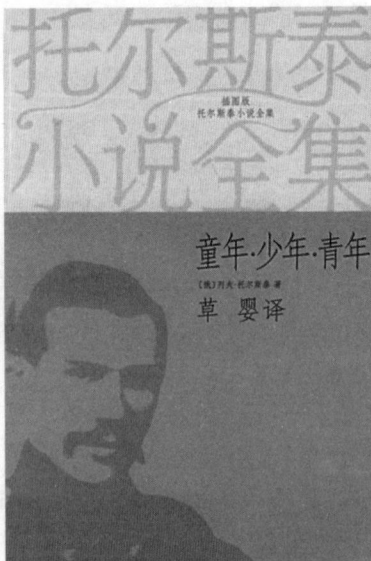

←托尔斯泰的《童年、少年、青年》

术构思，《童年》只是他计划要写的长篇小说《四个发展阶段》中的一部分，其余三部分是《少年》《青年》与《壮年》。最后一部分没有写成。《少年》《青年》则分别于1854、1857年在《现代人》杂志上发表，构成自传体三部曲。贯穿三部曲的主人公尼考林卡是作家笔下第一个带有自传性的艺术形象。他从童年、少年到青年的生活、内心感受和思想发展，体现了托尔斯泰早期的精神探索。小说对人物心理活动的细腻描写，初步显示了托尔斯泰对"心理生活的秘密活动"的杰出认识能力和表现能力。当然，三部曲虽然具有不容置疑的自传性，但并不等同于作家个人或家庭生活的编年史，它在许多方面又超越自传，成为"朋友们"和作家自己的生活及精神发展历程的艺术糅合。

→屠格涅夫（1818—1883），俄国作家。

创作伊始的成功推涌着托尔斯泰的激情。不久，《现代人》杂志又收到他描写高加索战争生活的小说《袭击》。发表后受到普遍赞誉。涅克拉索夫兴奋地向人们介绍到，"这是俄国文学中空前未有的杰作，多么美妙啊！"早已享名俄国文坛的屠格涅夫，也喜悦地注视着这个"新出现的才子"，他在给涅克拉索夫的信中说："你是对的，这个人的才华是靠得住的……告诉他：我欢迎他，向

→ 青年托尔斯泰

他致敬并祝贺他。"托尔斯泰在此时递交了辞职申请，打算退出自己并不热心的反对高加索山民的战争，以竭尽全力去履行两种"天职"：改善农民的状况和从事写作。但不久爆发的俄土战争延长了他的军旅生涯，并真正写下了他人生壮丽的一页。

土耳其与英、法联军的进攻，推进到克里米亚半岛的塞瓦斯托波尔要塞，战争进入空前激烈、残酷的状态。在敌人数百门大炮的猛轰下，要塞笼罩在硝烟火海之中。普通士兵、水手和当地居民用血肉之躯，抵挡着敌人的进攻，每天都有成千人牺牲。民众高涨的爱国热情和视死如归的精神，极大地激励着托尔斯泰，他坚守在最危险的第四棱堡阵地，指挥炮兵连英

勇反击，表现出惊人的勇敢。但因寡不敌众，1855年8月28日——他25岁生日的这一天，塞瓦斯托波尔要塞终于陷落。托尔斯泰随炮兵连最后一批撤出，当他回头向这座流淌着烈士鲜血的要塞告别时，看见了棱堡上的一面法国旗，不禁失声恸哭。

　　塞瓦斯托波尔保卫战的悲剧性，引发了托尔斯泰长久的思考。他感怀阵亡的普通士兵，愤恨于战时军官的恶习败德，以战地直接捕捉到的印象为基本素材，写成了《1854年12月的塞瓦斯托波尔》《1855年5月的塞瓦斯托波尔》《1855年8月的塞瓦斯托波尔》等三篇具有特写性质的短篇小说。其中头两篇在战时已经发表。战后，他将三篇小说结集出版，称为《塞瓦斯托波尔故事》。作品摆脱了俄国文学中战争描写的虚假的

→冈察洛夫（1812—1891）'，俄国作家。

浪漫主义俗套，再现流血和死亡的真实场面，揭示了沙俄政府的腐败、军事的落后、贵族军官的相互倾轧，以及普通士兵英勇作战同其奴隶地位构成的深在悲剧性，表现出作家对民族历史命运的关注。小说在描写战争生活场面和战时人们心理状态方面，开创了俄国战争文学的现实主义传统。正由于作者大胆地写了悲剧的真实，发表前受到书报检察机关的过分关注，许多地方被删改。涅克拉索夫赞扬道："这正是俄国社会所需要的东西：真实，这种真实在果戈理之后俄国文学里已经残留不多了。您给我们文学所带来的这种真实，对我们来说是完全新的东西。现在我不知道有另外一个作家能像您这样受到如此的爱戴和得到如此热烈的好感。"他召唤托尔斯泰，"您的武器是笔，而不是军刀"。

托尔斯泰战后回到彼得堡，聚集在《现代人》杂志周围的众多京城大作家热烈欢迎这位英雄。他同屠格涅夫一见如故，对涅克拉索夫颇为敬重，常与冈察罗夫、戈利高罗维奇、德鲁日宁、奥斯特罗夫斯基、皮谢姆斯基、包特金、丘特切夫、车尔尼雪夫斯基等交流创作体会，有时高声和他们争论，难免因作风粗犷、直言不讳冲撞了别人。这些由于对文学艺术的爱好和追求汇集于一起的作家，却在一些重要的社会和文学观点上存在着严重分歧。从生活漩涡中闯出来的托尔斯泰，确信"无论任何艺术流派都不能脱离社会生活"，但在经济利益上，他还不能割裂与贵族社会的关系，因此无法同意激进派变改社会的主张，以致冷淡了持有

车尔尼雪夫斯基（1828—1889），俄国革命民主主义者、唯物史哲学家、文学批评家、作家。

这种观点的车尔尼雪夫斯基。尽管如此，对托尔斯泰创作才能的本质方面予以精辟分析的，则是车尔尼雪夫斯基。他认为，对内心生活隐秘活动的深刻理解和道德情感的纯洁，是托尔斯泰创作的基本特点，这位俄罗斯文学的"伟大希望"，将是表现"心灵辩证法"的艺术大师。

最美好、最富有诗意的事情

> 我一生中最幸福的阶段，就是把全部
> 身心投入到为大众服务的时期。
>
> ——托尔斯泰

1857年，退役不久的托尔斯泰第一次赴西欧旅行，迫不及待地去寻求新的观感和知识。沿途车马劳顿，到了向往已久的巴黎。他"不吭一声地睁大眼睛"注视一切，参观著名博物馆、图书馆和名胜古迹。不止

←巴黎卢浮宫

→巴黎圣母院

一次地前往卢浮宫欣赏文艺复兴时期的名画，拜谒了拉雷兹墓地，散步于巴黎圣母院前的广场，在歌剧院观赏罗西尼和博马舍的喜剧，并出席了法兰西学士院大会，觉得"有趣和愉快"。对巴黎的"社会自由"，不由得泛起赞赏之意。但目睹巴黎广场断头台一次行刑的场景后，他顿时深感厌恶。在给友人的信中，他诅咒那台转眼之间把人撕裂成碎块的漂亮精致的机器。

断头台破坏了托尔斯泰对巴黎的良好印象，他心

→巴黎圣母院

托尔斯泰（上左一）和俄罗斯作家在一起。

情沉郁地来到日内瓦。这是卢梭在《新爱洛伊丝》中畅笔描写过的地方，其中写景的文字，已成为千古绝唱，印记在托尔斯泰的脑海里。他久久地站在浓荫如盖的湖旁，遥望蜿蜒起伏的青山，呼吸着花草的芳香，胸中的郁闷一扫而光。但这毕竟是异域他乡，当他面对日内瓦的旖旎风光时，不禁思念起俄国的春色，更觉出俄罗斯大地的辽阔和森林的浩瀚。

在瑞士的琉森镇，他遇到了当今历史学家应该用千秋史笔加以叙述的事件：一个流浪艺人弹着六弦琴，

为衣着考究的先生们唱了一曲曲动人的歌，最后举起帽子，恳求人们给几个赏钱。可是这些温文尔雅的听众却视而不见，没有人掏出一文钱。穷困的艺人惨然而离。托尔斯泰见此怒火中烧，他追回艺人，请他到餐厅用餐，以示对大人先生们的抗议。他的举动不仅惊呆了在场的雅男贵妇，而且也引来仆役们的讥笑和不满。托尔斯泰拍案而起，厉声质问："这儿不是人人平等吗？这就是你们的共和国？真是糟透了。"有感于此，他即时写成了短篇小说《琉森》，以尖刻的写实笔触，勾画了贵族绅士的自私和冷酷。揭示了西欧资本主义文明的虚伪，成为人们了解作家思想发展的重要材料。

在国外旅行期间，托尔斯泰始终没有中断中篇小

→瑞士的卢塞恩（琉森）

说《哥萨克》《青年》《阿尔别特》的写作。他的阅读兴趣越来越广泛，仲马父子、巴尔扎克的作品多出现在他的枕边、案头；歌德的《少年维特之烦恼》《浮士德》更令他沉醉。为此，他后来特意赴魏玛，瞻仰歌德的故居。在追求健全的心灵方面，他与歌德是息息相通的。

西欧之行，没有使托尔斯泰拜倒在西方文明面前，但却使他更加清醒地察觉到"俄罗斯使人反感"，"粗鲁的、虚伪的生活从四面八方包围着我"，到处发生着"原始的野蛮行为"和"不法之事"。这一切的根源就在于腐朽、罪恶的农奴制。克里米亚战争的失败，已经将

巴尔扎克(1799—1850)，法国19世纪伟大的批判现实主义作家，欧洲批判现实主义文学的奠基人和杰出代表，法国现实主义文学成就最高者之一。

大仲马（1802—1870），法国著名作家。

改革农奴制问题提到全社会面前，连沙皇也不否认这一点。对于以帮助农民摆脱贫困为"天职"的托尔斯泰，这个问题就不再是讨论中的事，而是付诸实践的问题。他拟定了一个解放农奴的计划，还给一部分人自由，但又不愿完全放弃财产和特权，打算把土地租给农民耕种。后来认识到这同样是一种剥削时，他又为自己想法的卑劣而自责，痛恨自己在解放农奴问题上迟迟疑疑的言行。内心的日益焦灼不安，打乱了他

→托尔斯泰（左）与他的哥哥尼古拉·1851年

的生活秩序，个人经济上的挫折和不景气，使他更为普通平民的命运而忧虑。这段时间，他的创作进行得比较缓慢，动手多年的《哥萨克》仍没有结果。他的全部心思放在农民问题上。经过一番紧张思考，他认为，农民贫困、愚昧的原因之一，是缺乏知识，对他们进行教育，将有助于改善他们的处境，调解他们与地主的关系。托尔斯泰决定立即着手做这件事。主意一定，他顿时感到精神有了寄托。

"伯爵准备教农民的孩子念书。"这令人惊奇的消息在亚斯纳雅·波良纳不胫而走。成年的人们议论纷纷，心存疑虑，孩子们却觉得伯爵对人亲切、和蔼，很愿意做他的学生。择其良日，学校开学了。穿着五花八门的孩子们来到伯爵的府邸，托尔斯泰走出来站在台阶上，大家向他深深鞠躬，算是拜师仪式。

学校设在大宅的一座厢房，有教室、办公室和教师起居室；正门前厅设有体操室。劳动被认为是必不可少的，因此还装备了钳工台。托尔斯泰又划出一块地，让孩子们种上亚麻、豌豆和胡萝卜。课程设置很正规：有阅读、书法、算术、图画、制图、音乐、自然实验及圣史。伯爵亲自任教，事必躬亲，从教孩子读写字母做起，带领他们做各种实验，尤其重视培养他们的写作能力。七八个月后，亚斯纳雅·波良纳农

→托尔斯泰·1856年

民的孩子们已经会读、会写了，当然地成为家庭的秀才，一般家信皆由他们执笔。这对祖祖辈辈目不识丁的农民来说，是莫大的好事。他们不再怀疑孩子上学的必要性。

托尔斯泰十分重视培养孩子具有良好的心理素质、品性修养和责任感。他并不要求孩子们听课时坐得板板正正，而是用富于知识性、趣味性的讲述，吸引住他们，启迪他们的思维。他上的历史课常常激起孩子们喜悦、兴奋、愤怒、痛苦、惋惜的情感狂潮：拿破仑如何从莫斯科逃走，塞瓦斯托波尔要塞如何失守，克里米亚战争如何惨败，高加索山为什么会发生战事……这一系列的故事将祖国、民族、正义、尊严带进幼小的心灵世界。

教育孩子也是自我教育的过程。托尔斯泰常常向农民的孩子敞开自己的心扉，述说自己的忧虑和打算，甚至将最隐秘的内心生活也吐露给孩子们。有一次，他对孩子们说，他要抛弃田产，甘愿做一个农夫，娶一个农家女做妻子。孩子们感到十分惊奇：伯爵怎么会变成农夫呢？而且还要娶村姑做媳妇，真不可思议。尽管如此，他们仍相信老师的话是真心的。于是嚷嚷开了，商量着给托尔斯泰挑选又漂亮、又能干的姑娘，少不了用上一两句富于哲理的俗语作依据："结婚不能一见就中，以免将来泪眼涟涟""人可不是树皮鞋，说不要就随便撇"。从这些纯朴农民孩子的言语里，托尔斯泰感受到了真美，内心深处觉得，与他们在一起，是"最美好、最富有诗意的事情"。他高喊一声："乌拉！"领着孩子们叫着、笑着跑起来。

由于致力于教育，托尔斯泰无暇外出旅游。但为了探望久病未愈的长兄尼古拉，他于1860年仲夏再赴

←托尔斯泰和农民孩子在一起

西欧。在他的计划中，此行的另一个重要目的是考察
西方的教育。他到了法国、意大利、瑞士、英国、比
利时，重点是访问"哲学家的国度"——德国。他对
亲眼所见或所闻的各种教育形式进行比较，做出自己
的判断和评价。基辛根的一些学校给他留下不愉快的
印象。他批评道："为君主祈祷，体罚，死记硬背"，
培养出"一群惊慌失措、精神畸形的孩子"。耶那的斯
多伊教授开办的私立学校，却使他产生了浓烈的兴趣，
他永远记得一个教室里写着的格言："道路并不是真
理，而是真理的发现过程。"

在整个国外期间，托尔斯泰对教育的考虑远远大
于对文学创作的考虑，以致中断《哥萨克》的写作，
而开始撰写长篇论文《论国民教育》。文章在作者回国

→德国

后发表，成为俄国教育史上里程碑式的文献。除此以外，他忙于订购教科书，邀聘到亚斯纳雅·波良纳任教的教师。但长兄尼古拉在他到达后两周病亡于法国古耶尔小镇，这给他造成很大的精神打击，有很长一段时间难以恢复。

狄更斯（1812—1870），英国小说家。主要作品《匹克威克外传》《雾都孤儿》《老古玩店》《艰难时世》《我们共同的朋友》。

1861年4月，托尔斯泰结束了第二次西欧之行，"带着这么多的印象和知识"回国。在这之前，他在伦敦结识了自己喜爱的英国作家狄更斯，听了狄更斯在文艺沙龙所作的教育问题的讲演，称赞其"讲得精 彩……给人留下强烈印象"。更使托尔斯泰难忘的是与赫尔岑的会见。他同这位为沙皇政府所不容的杰出思想家无所不谈，中心的议题是"如何使俄国从农奴制度下解放出来"。托尔斯泰还在巴黎的时候，就得到消息：沙皇政府于这一年的2月19日颁布了农奴制改革宣言。但他深知这个政府的秉性。对自上而下的改革持怀疑态度，极不喜欢沙皇的上谕中恩赐似的

赫尔岑（1812—1870）俄国哲学家，作家，革命家。

语调。

　　尽管政府的改革农奴制宣言"空洞无物"，托尔斯泰返回亚斯纳雅·波良纳后，仍召集庄园的农民，向他们宣读了上谕，声明凡是他们所耕种的土地，一律归他们所有，并规定了当时最高限额的份地——每人三俄亩，而其他庄园的农民每人只有一俄亩的份额。

　　农奴制"改革"过程中，各地都发生了地主不愿放弃财产与权利，与农民发生纠纷的事件，由此出现了"调解人"这一设置。托尔斯泰被推举为克拉皮文县第四区的调解人。他在履行职责时，尽力维护农民的利益。女地主阿尔秋霍娃因仆人逃走提出申诉，托尔斯泰分析了诉状，断定阿尔秋霍娃非法占用他人劳动力，殴打他人之妻，实属违法。托尔斯泰的举动，招致贵族地主的忌恨和攻讦，联名指责他有意在农民中唤起对地主的仇视，故意偏袒庄稼汉。贵族地主们的行径，给托尔斯泰的调解工作造成极大困难，他终因失望而将其放弃，但并没有放弃为农民的解放做贡献的想法。他坚信"工作中找不到静谧的避难所，所以应当劳动、做事、吃苦"，又热情如初地投入教育事业，在附近乡村办起了20余所学校。他除了负责校务管理，还忙于撰写教育论文，着手出版《亚斯纳雅·波良纳》教育杂志。

托尔斯泰对教育的热心和执著，令一些朋友难以理解。他们认为，他首先是个作家，醉心于教育简直是胡闹。屠格涅夫甚至对他进行公开指责，托尔斯泰却执拗地"走自己的路"，两人的关系出现裂痕。后来，他们之间的思想和性格差距越来越明显，终于由争吵发展到绝交，这实在是俄国文学史上的一件令人遗憾而又难以避免的事。托尔斯泰思考问题的宏远，

←托尔斯泰留下的苹果园异常繁茂

→ 托尔斯泰·1862年

精神世界的深邃和独特，常常被他周围的人视为古怪和任性，为此，他付出过不少代价。其中不仅有来自自己营垒的误解，更有来自反动营垒的诽谤和陷害。

1862年，当局接到贵族地主的密告，说托尔斯泰家有印刷反政府传单的秘密印刷所，经沙皇批准，第三厅头目率宪兵搜查了他的家。他们翻箱倒柜，撬开马厩的地板，用网在池塘里打捞，企图找到托尔斯泰所谓"犯法"的证据，结果毫无所获，悻悻离去。托尔斯泰在莫斯科得知消息，愤怒已极。他写信给政府官员，声明如果他当时在场，"一定会拼命"反抗。以后很长一段时间，他在房间里放了子弹上膛的手枪。托尔斯泰与沙俄国家机器的对立日益尖锐化，他所热心的教育，也被迫在一年后停办。但直到生命终结，他仍坚持不懈地以各种方式，关心农民孩子的教育和培养。

创作热情再度勃发

> 我又完全埋头在自己的创作中,它使
> 我得不到片刻的休息和安闲。
>
> ——托尔斯泰

托尔斯泰的人生旅程已经走过了34度春秋。回首往事,他感慨万千,不由得产生一种企盼的苦恼:人不能仅有社会的、事业的思考和需求,没有家庭生活的幸福,不是完整的幸福。他想到,应该成家了,意中人是交往甚密的莫斯科名医别尔斯家的二女儿索菲娅·安德列耶芙娜。当然,这一过程并非一蹴而就。经过较长时期的考虑,托尔斯泰克服了犹豫、胆怯和心灰意冷后,大胆地求婚,立即获得对方应允。1862年初秋,托尔斯泰与索菲娅结为夫

←托尔斯泰的妻子索菲娅·安德列耶芙娜·1862年

妻，婚后立即动身回到亚斯纳雅·波良纳。

婚后，托尔斯泰一度"沉浸在家庭的幸福之中"。但很快，他又告诫自己不可"以家庭的诗趣来替代对博爱、思想和人民事业的全部诗趣"，工作欲望即时膨胀起来。其最直接的结果，是文学创作的灵感和热情重新勃发。1863年，写作了近10年的中篇小说《哥萨克》终于完成，并在《俄罗斯通报》上发表。同时写成的还有《波里库士卡》《一匹马的身世》两部中篇。后一作品发表于1885年，以一匹马饱受磨难的一生，谴责了人世间的贪婪和欺诈，具有喻世的寓言小说特点，在托尔斯泰的整个创作中因选材新颖而独具特色。《波里库士卡》主题与《一个地主的早晨》近似，旨在揭示地主与农民之间的鸿沟。小说中的主人公是个本

→ 《哥萨克》1949年俄文原版

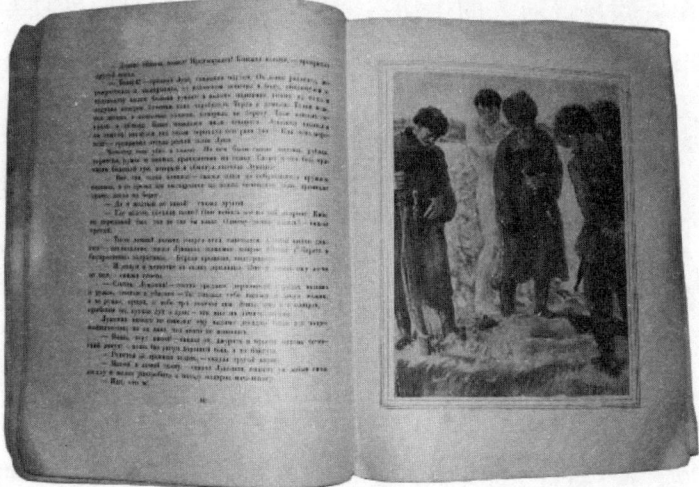

质善良的农民，一时失
足后决心重新做人，但
主人对他的鄙视造成的
精神压力，使他放弃了
恢复正直名声的努力，
选择了自杀。他的死，
导致妻子精神失常，儿
子溺死。屠格涅夫读了
这部品，"脊梁骨感到

←托尔斯泰·1868年

发冷"，赞叹这是一部震撼心灵的悲剧，具有巨匠的笔
法。

《哥萨克》是托尔斯泰早期创作中最重要的作品之
一。它贯穿了作家步入青年以来的一系列的社会思考，
在贵族与普通人的生活态度、精神世界的对照性描写
中，明确提出了"平民化"的思想。作品主人公奥列
宁的身上，有着作家人生经历的某些印记。

奥列宁是个没有完成大学学业的贵族青年，混迹
上流社会，耗去了他一半的财产。他感到生活空虚，
令人厌倦，于是当了一名士官生，随军到了高加索，
在驻地结识了一些哥萨克人。他们生于雪峰、草原和
莽林之间，性格粗犷，心地善良、言行单纯、勇敢无
畏，按照自己的方式过着自由自在的生活，没有生的

痛苦和焦虑，也没有死的恐惧和悲观。和这些纯朴、无私的"自然之子"们相处，奥列宁最初感到不理解，后来逐步适应，甚至觉得这才是美好，产生了永远留居高加索，做一个"单纯的哥萨人"的念头。他真诚地爱上雅气、野性、美丽无比的玛莉安娜。但受山民们"幸福在于为别人而生活"的信念影响，觉得抢先是可耻的，因此把自己的马送给青年勇士路喀希卡，以成全他同玛莉安娜的婚姻。可是奥列宁终究未能跟过去的生活观念决裂。当他想到："自我牺牲，这是毫无意义的事"时，便又拼命去追求已经订了婚的玛莉安娜。路喀希卡在前线受了致命伤的消息传来，玛莉安娜为此泪流满面，奥列宁却大为不解，责问她为何而哭。玛莉安娜对他厌恶地喊道："走开，我讨厌你。"失望的奥列宁乘着驿车离开了哥萨克村，重返彼得堡。

　　《哥萨克》是托尔斯泰在封建农奴制社会即将崩溃，为贵族青年寻找出路的精神探索的结果。奥列宁向往山民单纯、自然的生活方式，迷恋高加索的景物风光，表现了某种精神觉醒。但一时的情感依附，不足以支撑他与过去决裂，他在与哥萨克少女的恋爱中暴露出自私的本性，为山民们所鄙弃。奥列宁追求"平民化"的失败，反映了作家在求索过程中的精神苦闷。他在作品中尖锐地提出从本阶级出走，跟贵族社会脱离关系的问题，预示着他正处于世界观转变的前夕。

小说显示了托尔斯泰捕捉和表现大自然神韵的非凡才能。他曾在高加索生活过，奥列宁的精神探索，对环境的感受也是他所体验过的，因此能以实地观察者的目光，诗人的情怀，画家的眼力，将高加索洁白璀巍的重山叠岭，清晰奇幻的险峰峻峦，奔腾湍急的突雷克河，苍莽无垠的原始森林，茵茵草原上流动的畜群，哥萨克村落的缕缕炊烟，以及山民们粗犷纯朴的日常生活情景尽收笔底，从不同的时空角度加以组合、再现，形成光、色、声、形、景和谐映衬，情与景相互交融的多彩多姿的艺术画面，显示出自然美、精神追求与道德理想的一致性。

几乎在《哥萨克》瓜熟蒂落的同时，托尔斯泰投入了卷帙浩繁的史诗性巨著——《战争与和平》的创作。实际上，按照作家的说法，最初的构思产生于1856

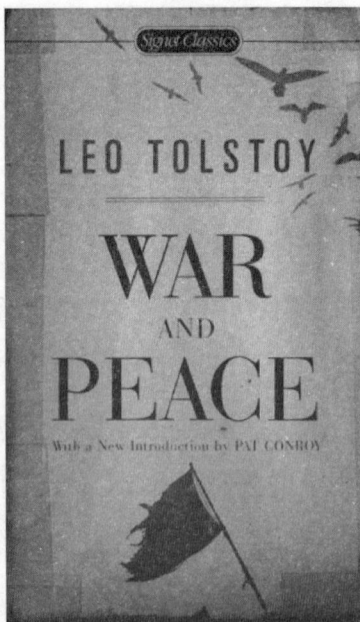

Signet Classics

LEO TOLSTOY

WAR
AND
PEACE

With a New Introduction by PAT CONROY

← 《战争与和平》

年。当时，12月党人从流放地返回莫斯科，他计划以此为开端，写一部以12月党人为主人公的中篇小说。后来他注意到，主人公的早年时代同"俄罗斯光荣的1812年恰好吻合"，于是改变初衷，决定从1812年写起。但是随着对俄罗斯历史命运的思考不断深入。他意识到"如果不描写我们的失利和耻辱，我便羞于去写我们在和拿破仑的法国人作战中所取得的胜利……"这样，作品表现的年代再次提前。尽管构思很早，但频繁的社会活动，两次赴欧考察，紧张的办学事务和屡屡出现的精神危机，使他难以深化最初的构思。新婚之后，他逐渐消除了情感上的波动，淡化了社交活动，过着俭朴而又相对平静的生活。于是，小说的创

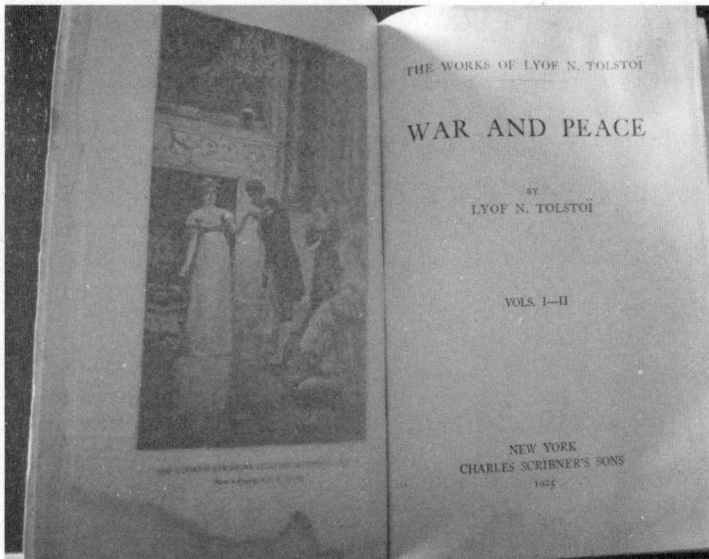

→《战争与和平》

作便正式提到工作日程上来，成为他这一时期投入全身心的事业。其间，他曾出席军事法庭，为普通士兵希布宁辩护。希布宁因不堪忍受虐待而打了军官的耳光，被判处枪决。托尔斯泰为之四处奔走、呼吁，终不能挽救士兵的生命。这一事件使他更清醒地认识到专制国家机器的野蛮和非正义性，开始形成对法庭和死刑的批判意识。

托尔斯泰的创作态度是极其庄重严肃的。他查阅了国内外关于1812年战争的著述，研究了大量的历史资料、档案文件，仔细阅读、摘录当时的人所写的书信和回忆录。为了确保作品的真实，他根据一些贵族家谱提供的线索，查访了仅存不多的1812年战争的参加者。亲临当年俄法大会战的鲍罗金诺古战场考察，并绘制了地形草图，拟写了战役进行的过程。尽管创作准备工作如此充分，托尔斯泰仍面临一些重大难题。他意识到，表现这样宏大的历史画面和民族战争事件，传统形式难以胜任，但采用革新的艺术表现形式是否会被视为"不伦不类"。经过反复考虑，他决心打消一切顾虑，一定要写出非写不可的东西，而不去考虑会有什么后果。写作伊始，他用了大半个年头探索小说的开头，"开始了无数次，又放弃了无数次"，在保存作家手稿的档案馆里，有15种《战争与和平》的开头

异文，手稿多达5200个印张，数量数倍于定稿原文。经过6年多的艰苦创作，终于将这部规模空前、壮丽宏伟的小说呈献在世人面前。

《战争与和平》的中心场面是1812年俄国反对拿破仑入侵的卫国战争。小说以库拉金、罗斯托夫、保尔康斯基和别竺豪夫4个贵族之家的生活为情节线索，再现了1805至1820年间俄国社会的众多重大历史事件：从彼得堡贵族沙龙谈论对拿破仑作战，中经俄奥联军与法军之间的奥斯特里茨战役，1812年法军对俄国的入侵，鲍罗金诺会战，莫斯科大火，法军全线溃退，最后写到1820年12月党人运动的酝酿为止。作品中出现了近600个人物：上至沙皇、大臣、元帅、各

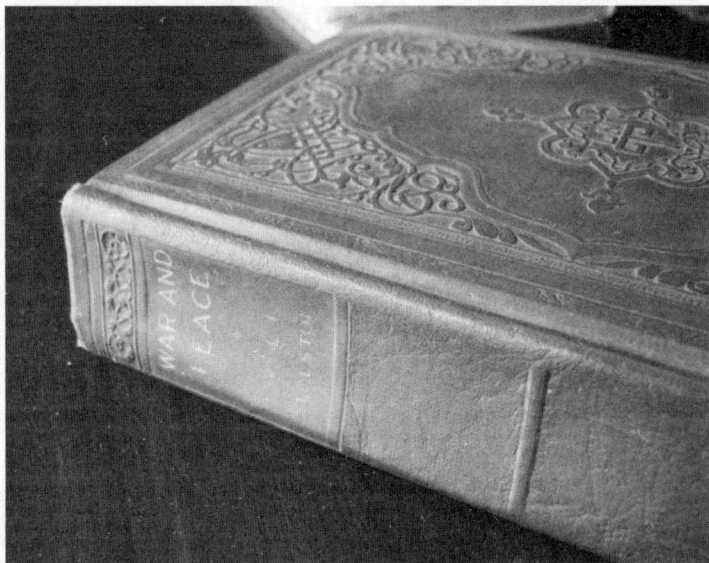

→《战争与和平》·1925年

级将领和贵族；下至小
贩、农民、士兵，表现
出各个阶层在战火连天、
民族危亡岁月的思想情
绪和言论举止。由于作
家在创作过程中的深思
熟虑，深化了小说的主
题，使最初构思的一部
家庭历史小说，最后发
展成反映历史转折时期

← 《战争与和平》·电影·1956年

祖国和民族命运的伟大史诗。它几乎容纳了托尔斯泰
多年探索的所有社会问题。

　　贯穿全书的主要人物从精神气质到道德风貌上形
成鲜明对立的两类：一类是以库拉金为代表的宫廷贵
族。他们远离自然和人民，自私贪婪、虚伪堕落，在
国难当头之时仍争权夺利、互相倾轧，沉湎于荒淫无
耻的寻欢作乐之中。另一类是罗斯托夫、彼尔·别竺
豪夫、安德烈·包尔康斯基等庄园贵族，他们接近人
民和自然，或以温情待人，或保持忠贞为国的老贵族
的"古风"，经过紧张的精神探索和战争洗礼，归信博
爱主义，有的在基督教的《福音书》和宗法制老农民
身上找到了自己的精神归宿。而有的则从战争的痛苦

→《战争与和平》·电影·1965年

经验中认识到民众的价值，从精神上变得更坚强，参加了12月党人的活动，明确地表达了反对沙皇专制政府的态度，走上了一条光明而又充满险境的正义之路。

　　小说思想内容的另一重要方面是表现人民群众在战争中的作用，再现人民的历史命运。托尔斯泰在描写作为1812年战争转折点的鲍罗金诺大会战时，以雄阔悲壮的艺术画面，揭示了战争的伟力存在于民众之中的朴素真理。在祖国面临最危险的时候。正规军和民兵、军人与百姓之间已经没有了界限，共同的历史责任感使他们同仇敌忾，生死与共。商人费拉蓬托夫为了不让敌人得到任何属于俄罗斯人的东西，亲手焚烧了自己惨淡经营的店铺。近郊的农民卡尔普和弗拉斯宁愿烧掉自己辛苦屯积的饲草，也不卖给法国人。当法军兵临莫斯科城下，全城居民毅然烧掉自己的财产，然后撤退，以表示对敌人毫不妥协的态度。

　　作家还以生动的笔触塑造了来自下层人民的游击战士形象：农民吉洪·谢尔巴蒂以机智勇敢著称，能够只身潜入敌人军营，抓回俘虏；一个农妇就消灭了数百名法军。连教堂的执事也当了游击队长，一人俘虏了数百名敌人。正是人民游击战争的"粗棍"，打得以军事技术精良著称的拿破仑大军晕头转向。法国人侵者抱怨俄国人不守战争"规则"。但俄国人以捍卫国土为神圣原则，在自己的家门口愿怎样打就怎样打，不管任何人的趣味与规则，不考虑任何东西、笨拙而单纯地但合乎时宜地举起"粗棍"打下去，直到将入侵者消灭尽。

　　与挺着"肥大的胸脯"、个头"矮小"、腿"短而粗"、性格自负、傲慢自大的拿破仑形成鲜明对照。小说中的俄军元帅库图佐夫成了爱国精神

← 托尔斯泰

和人民智慧的体现者。他于单纯、平凡中见伟大：理解人民的情绪，了解士兵的需要和困难，对国家民族有很深的感情和强烈的责任意识，并尊重事物发展的客观规律，制定了正确的战略战术，指挥英明果敢，率领俄国军队打败装备精良的强敌，成为千古不朽的民族英雄。

　　小说也表现出托尔斯泰思想认识上的一些弱点。他肯定了历史发展过程中人民群众的决定性作用，但又把这种作用理解为一种自发的"蜂群式"的力量。库图佐夫的某些观点和言行，体现了崇奉无意识活动和自发性的生活原则。而婚后的娜塔沙，代表了宗法制家庭贤妻良母的理想。作品以较多笔墨描写的卡拉塔耶夫，则是理想化了的宗法制农民，他所宣传的逆来顺受和勿以暴力抗恶，是托尔斯泰思想观点中的消极方面。

　　《战争与和平》显示了托尔斯泰小说艺术的博大精深。它气势磅礴，场面广阔，人物众多。历史的事实融合着艺术的虚构，大笔的勾勒糅和着细腻的描画；在民族的历史命运中呈现个人的际遇，于史诗的悲壮中穿插抒情独白；从总体与局部多线条情节发展和凝重的场情画面的精密结构上，如实再现了历史与社会生活的动态性、丰富性和复杂性。

托尔斯泰在《战争与和平》中所表现出的极高造诣，不仅征服了俄国文坛，成为有口皆碑的重要事件，而且震动了全欧洲。众多著名文学艺术家为之倾倒。英国著名作家、诺贝尔文学奖金获得者高尔斯华绥说："如果举出一部符合'世界上最伟

福楼拜（1821—1880），法国现实主义作家。

大的小说'这一定义的小说，我就要推举《战争与和平》。"声誉极高的法国小说家福楼拜在给友人的信中赞叹道："这是第一流的作品啊！多么了不起的艺术家，多么了不起的心理分析家！头两部真令人惊叹……读的时候我由于狂喜而多次呼喊起来"。七八十年代之交，《战争与和平》以多种文字在欧洲主要国家出版，为托尔斯泰赢得了国际上第一流作家的声誉，成为欧美文坛兴起的"俄国热"的主要动力。

尽善尽美之作

> 在我不得不播种的那块土地上所进行
> 的深耕准备工作，对我该是多么艰苦。
>
> ——托尔斯泰

《战争与和平》的巨大成功令人欣悦。亲友们希望托尔斯泰能有一段休息时间，以调养过度疲劳的身体。但对于他来说，不可能有真正的休息。研究戏剧，收集材料，学习希腊语，成了他的"休闲"活动。脑子里时有"不速之客"光顾，呼唤他去创作。他开始构思一部表现彼得一世时代的长篇小说，但重新高涨的教育工作兴趣使创作构思搁浅，他转而投入编写《启蒙读本》，并给予极大的重视，希望"将来会有整整两代俄国孩子，不管是王公贵戚的孩子还是农民的孩子，大家都用这个课本念书"。

编写工作的艰辛并不亚于创作一部巨著。《启蒙读本》包罗人文科学和自然科学的诸多领域，为此，他观察天体，研究物理学，收集了大量文学、历史学、人类学、地理学、数学、语法等方面的资料，摘编、翻译、撰写了700多篇故事。
他十分重视启蒙读本必须具
有儿童特点，强调必须"写
得优美、精练、质朴，主要
是通俗易懂"。他还办了一所
学校，亲自向教师们传授读
本的讲授法。遗憾的是，托
尔斯泰倾注了极大心血编写

← 《启蒙读本》

的《启蒙读本》，并没有取得预期的效果，其中反对新
教育学原则的保守倾向，还受到某些教育家的批评。
但读本仍大有可取之处：它摆脱了新教育学的机械方
法，其中不少故事脍炙人口，很有点安徒生童话的韵
味和意境。尤其是经过他修改出版的《新启蒙读本》

← 托尔斯泰和他办的小学校

→托尔斯泰

很受欢迎，在作者生前就印行30多版。托尔斯泰"把教育交还给人民"的高尚动机，毕竟是有了良好的结果。

这时，俄国社会已进入70年代。农奴制改革近十年，社会矛盾非但没有缓和，反而日益激化，频繁发生的灾荒，迅速扩大着失业工人和农民的队伍。托尔斯泰一直关注着社会的变化。不论他做着什么，都是一个清醒的现实主义者。因此，在他草拟描写彼得大帝时代的小说构思时，就对妻子谈到，他脑中出现了一个失足的上流社会女人的形象，她显得可怜而不显得有罪。她像磁石一样，将他已经勾画的各种人物拢聚到一起。显然，这是作家新的艺术构思。三年以后，当他完成了《启蒙课本》，再度投入文学创作时，现实生活的主题成为他首先的选择，而彼得大帝和他的时代则放到以后去研究。

不断丰富和深化托尔斯泰创作构思的是对现实的观察、思考和经历。就在他正式动笔前不久，亚斯纳雅·波良纳发生了一个女人卧轨自杀的悲剧事件，死者名叫安娜·斯捷潘诺夫娜·彼罗戈娃，因被富有的情夫抛弃而轻生。出事现场血肉模糊，令人目不忍睹。这种结束生命的方式，被作家用在小说主人公的身上，同时采用了彼罗戈娃的名字——安娜。但真正成为主人公外貌原型的，是大诗人普希金的女儿玛丽娅·亚历山大罗芙娜·普希金娜。托尔斯泰见过她，印象很深，以这样一个相貌很美，颇有气质和教养的女性作为女主人的原型，表明作家对人物的认识已不同最初的构思——一个其貌不扬、轻佻放荡的女人。就主人公生活中某些悲剧性而言。托尔斯泰取自自己一位朋友的姐姐。她婚后非常不幸，被丈夫的虚伪和冷酷葬送了青春。小说还有一个主人公——康士坦丁·列文，他的现实生活原型主要来源于托尔斯泰的生活经历、思想探索和精神发展。两

←托尔斯泰的妻子和女儿

个主人公，两条线索，分别代表乡村与都市，合璧为一，囊括了农奴制改革前后的全部社会生活和各种问题。

有了成熟完整的艺术构思，开头应该怎样写法？读了普希金的《客人到了别墅》，他心领神会，"一下子进入了情节"。一部表现现代生活主题的巨著，就这样开始了它的孕育和诞生过程。小说创作断断续续。期间，家庭生活发生了许多不幸事件：儿子夭折、妻子染疾，共同生活了近40年的达吉雅娜姑母离开人世，他的心境变得十分沉郁；而灾民的凄叫不时在他耳边回响，哲学和宗教伦理问题又紧紧缠在他的脑子里。经过12次大的修改，小说终于在1877年全部完

→《安娜·卡列尼娜》·电影·1935年

成，定名《安娜·卡列尼娜》。

小说描写了150多个人物，全书由两条平行交叉的情节线索构成：一条是城市上流社会的安娜、卡列宁、渥伦斯基之间的爱情、婚姻和家庭

← 《安娜·卡列琳娜》·电影·1935年

故事。另一条是农村贵族地主列文、吉提的爱情生活与精神探索。这种安排，明显表现了作家的意图：城市贵族资产阶级上流社会的冷酷、虚伪，给家庭和个人造成不幸。而农村贵族地主的宗法制生活，却给人平和与宁静。生活环境中的自然因素，在这里再次成为作家道德评判的重要依据。

当安娜出现在小说中时，已是结婚8年的他人之妻，并有一个8岁的孩子谢辽沙。在她还不懂什么是爱情的少女时代，就由姑母作媒嫁给大她20岁的卡列宁。安娜长得很美，且内心感情十分丰富。卡列宁却是一个整个身心都浸染着"官场气"的官僚。从政府

的角度看，他热心公务、忠于职守，不沾花惹草，算得上是个有"道德"的人。实际上，向上爬成了他做人的唯一支撑。最能刺激他热情的是功名，除此外，每当接触生活本身时，他总是退避开去，成了一架冷酷、死板、没有人的感情的机器。他与安娜的结合，完全是一场政治交易。安娜的姑母——一个当地的贵

→ 《安娜·卡列尼娜》·电影·1948年

妇人看中的是他年纪轻轻就当了省长。他娶安娜是为了勾结地方豪绅，也为自己购买一只供作摆设的漂亮花瓶。安娜却成了这场交易的牺牲品。8年的婚姻生活，使她感到令人窒息的痛苦。

但是时代变了，安娜受到了爱情自由的感召，与青年近卫军官渥伦斯基的相遇，使她被摧残的爱心苏醒。她呼喊着"我要爱情、我要生活"，"我是活的女人，罪不在我"，投入到渥伦斯基的怀抱。可道德沦丧的上流社会不能容忍这种叛逆行为。尽管他们常以诱奸别人的妻子为幸事，却不约而同加入到反对自由爱情的阵营中，形成扼杀异端的强大社会舆论。在压力面前，渥伦斯基暴露了他"花花公子"的本性，有意冷落安娜。卡列宁明知妻子与外人"有染"，却为了保全名誉地位，以自己是基督徒为由不同意离婚，但又拒绝让她照看孩子，给安娜造成更大的痛苦。安娜本人也无力战胜自己身上的贵族传统观念，在极其矛盾的心境下卧轨自杀。托尔斯泰引用《新约·罗马人书》中的两句话"伸冤在我，我必报应"作为全书的题词，表明了他对安娜的态度。出自宗法制家庭观念，他不满意安娜离家出走。但对贵族上流社会的腐败和虚伪的憎恨，使他同情安娜的不幸、谴责上流社会对她的迫害，突出了她的悲剧性命运的时代特征。在他看来，

→ 《安娜·卡列尼娜》

将安娜美丽的形体，追求幸福的要求，连同她的生命一起扼杀掉的罪魁祸首，就是以卡列宁之流为代表的官僚专制制度。

在列文的农村生活情节里，托尔斯泰竭力注入自己的社会和道德理想，创造出一个幸福家庭。可是作为一个清醒的现实主义艺术家，他又不愿以幸福的假相欺骗读者。列文的整个思考、行动及苦恼，使人们看到了社会正在发生的转折给"幸福"家庭带来的不幸。

列文大学毕业后回乡改革农事，但一再的失败使他心灰意冷。他深感调和农民与地主关系的必要性，但又不知从何做起。在政治观点方面，他既不愿追随自由主义，也不苟同旧式贵族的顽固主张，同时又不满地方自治运动。他徘徊于各种主义和观点之间，表现了社会变革时期各种"思想的碎片"对他的影响。资本主义的进攻是列文急切进行农事改革的社会推动力。不管他多么轻视像廖宾宁一类的商人，甚至不愿与之拉拉手，但也清楚地看到，他无力挽回贵族世家的颓势，与廖宾宁不可阻挡的成为"新生活的主人"，都是十分明显的。他不由得感愤万端，"现在在我们这里，一切都翻了一个身，一切都刚刚开始安排"。列宁曾引用这段话，认为，"对于1861年至1905年这个时期，很难想象得出比这更恰当的说明了。"托尔斯泰正是以其对时代的敏感，在急剧变化的社会背景下为人们展示了主人公的命运的。一系列的失败使列文陷于悲观失望，以至濒于自杀。最后，他从绝境中找到一条出路，即一个宗法制农民告诉他的一句话，"为上帝、为灵魂活着"。于是，宗法制农民的信仰成了列文全部生活探索的最后总结。这预示着托尔斯泰世界观

←安娜·卡列尼娜

→托尔斯泰

的转变和"托尔斯泰主义"的最终形成。

《安娜·卡列尼娜》标志着托尔斯泰现实主义艺术的进一步发展。作品多方面地再现了六七十年代俄国的社会生活，刻画了一系列有代表性的典型形象。作家力求真实，一切描写都是在深入体验和研究生活的基础上。不仅场面、人物外貌和肖像写得富有特征，而且擅长追踪人物复杂的内心活动过程。两个最重要的人物安娜和列文，性格趋于内向，作家不仅描写他们想什么，更写了他们怎样想，展现了心灵辩证发展的全过程。与托尔斯泰同一时代的俄国著名小说家陀思妥耶夫斯基评价说："《安娜·卡列尼娜》是一部尽善尽美之作。现代欧洲文学中没有一部同类作品能与之相比。"他以此为根据，称托尔斯泰为"艺术之神"。

一部铁面无情的书

在我看来这是我写过的全部作品中最好的东西。

——托尔斯泰

生命是永不止息的运动，人若停留在一种对待世界的态度上，停留在他开始生命时具有的那种程度的爱之中，他就会感觉到生命停顿了，因此想到死亡。

——托尔斯泰

早在60年代民主运动高涨时期，托尔斯泰就计划过写12月党的题材，这甚至是巨著《战争与和平》的前曲。到了70年代，民主运动高涨再次兴起，他又开始考虑这一问题，着手搜集这方面的资料，时常被12月党人的事迹"感动得流泪"，创作准备工作日益加快。但第三厅拒绝他查阅档案的要求，影响了工作进展。他感到12月党人的题材关系重大，没有足够的资料不便动笔。于是他转向已搁置很久的彼得大帝及其时代的题材，甚至作品的名字已经拟定，叫《百年间》，意在要写一个世纪的历史过程，这该是一部规划

→托尔斯泰

多么宏大的历史小说。可不久，他又放弃了这一计划，原因是时代相隔太远，"很难体会当时人的精神世界"。对托尔斯泰两次放弃创作计划，后人自有评说。人们一般认为，发生在19世纪初的12月党人革命，在俄国历史上留下空谷足音，对俄国后来的社会发展产生了巨大影响，是俄国民主解放运动的序幕。极富艺术才华的托尔斯泰是能担当起表现这一重大题材的创作任务的。他的放弃，是他创作生涯中的遗憾，也是俄国文学史上的空缺。其实，托尔斯泰在文学创作上的"怠情"，有着深在的原因，即此时他正经历一个紧张的精神激变过程。随着这个激变的完成，他的世界观将发生彻底的转变，这不能不对他的文学活动带来新的重大影响。

　　1880年发表的《忏悔录》，是托尔斯泰实现世界观转变的"宣言"。它表明托尔斯泰伯爵已经变成了宗法制农民的代言人和情绪的表达者。《忏悔录》采用的是宗教形式，书名无疑受到卢梭的启发。他在其中写道："我否定了我们这个圈子（指贵族上流社会——作者注）的生活，我认清了这并不是生活，这不过是类似生活而已……为了理解生活，我应当理解的……不是我们这般寄生虫的生活，而是这些创造生活的，平常的劳动人民的生活，以及他们赋予生活的意义。"他以一个禁欲主义者的严苛，谴责自己过去的生活，宣布"在我身上发生了一种激变，这种激变很早就已在我心里酝酿，它的萌芽也一直就埋藏在我的身上"。

完成了世界观转变的托尔斯泰，真诚地走到人民之中，了解他们的疾苦，痛惜他们的不幸，为改善他们的处境而四处奔走呼吁。他的身影经常出现在收容

←托尔斯泰一家

→托尔斯泰和农民协会的人在一起

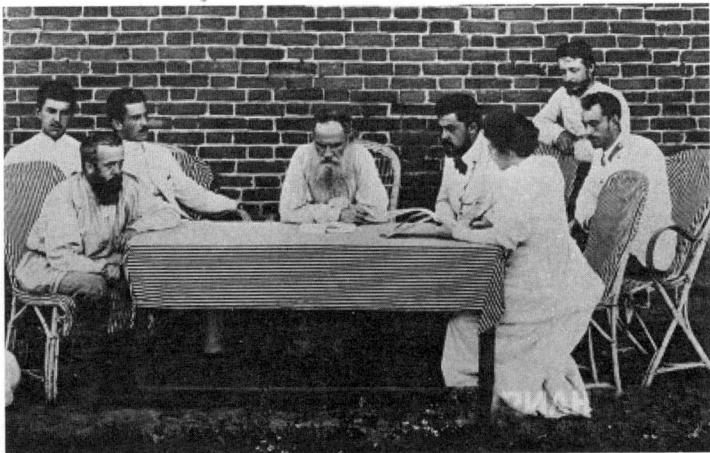

所、孤儿院、码头、监狱、法庭。许多人对此大为不解，有的甚至认为他真的发疯了。列宁则指出："就出身和所受的教育来说，托尔斯泰是属于俄国上层地主贵族的，但是他抛弃了这个阶层的一切传统观　点……"其原因在于"乡村俄国一切'旧基础'的急剧的破坏，加强了他对周围事物的注意，加深了他对这一切的兴趣，使他的世界观发生了变化。"列宁的话表明，托尔斯泰世界观的转变有着深刻的社会政治、经济和思想基础，也与他个人特定的精神探索和发展紧密联系。他的创作一开始就关注农民问题，揭露贵族地主生活腐化、道德堕落，表现"庄稼汉"的真理，追求"平民化"，倡导纯洁道德。农奴制改革后的现实，更使他认识到社会的普遍贫困和愚昧是统治者造成的。他们掌握着国家机器，以法的名义压迫人、剥削人；官方教会用虚伪和欺骗，掩盖血淋淋的剥削。而横冲直撞的资本主义则使农民受到双重压迫。这一切罪恶的存在，都在于私有制。正是在以上社会认识不断深入，精神发展不断加快的情况下，托尔斯泰终于"从本阶级"出走，站到了农民的立场上来。当然，与这种转变同时产生的，是被称为"托尔斯泰主义"的形成，即把一种唯心的宗教道德信条当作救世良方，宣传"不以暴力抗恶"的基督教博爱精神。

这一时期，为了直接表达自己的见解，加强思想的锐利性和论辩性，托尔斯泰写了很多批判当代社会的文章。在《教会神学批判》一文里，他竭力嘲讽官方的正教会，说那些"荒谬、自信、不学无术，满身绸缎呢绒"的神甫，"专门在举行这种那种圣礼的幌子下欺骗和掠夺人民"。这些尖

← 正在写作的托尔斯泰·1884年

刻的文字后来化为长篇小说《复活》中的批判画面。托尔斯泰的犀利言论，引起政府当局的极度不满，先是对他加强监视，后来发展成公开的迫害。内政大臣通知各省省长，注意托尔斯泰的"有害活动"。莫斯科警察局长下达命令，派特务对托尔斯泰进行秘密监视。当局为了阻止托尔斯泰参加一些公开的会议，不惜采取卑鄙的手段，强行取消或宣布会议"无限期地"延期。托尔斯泰的著作出版也屡屡受阻，他的论著《我的信仰是什么》正在印刷时，被莫斯科书报检查委员会宣布为"一本极端有害的书，因为它破坏社会和国家组织的基础"，后又被宗教检察机关宣判"死刑"，永远不允许出版。

　　沙皇专制政府的迫害，丝毫不能制止托尔斯泰对社会的批判。发表于19世纪最后一年的惊世之作《复活》，代表千百万农民对延续了好几个世纪的专制制度，官方教会进行了总结性批判。成为托尔斯泰完成世界观转变后的最重要作品。

　　《复活》的基本素材来源于法官柯尼讲述的一件诉讼案。1889年托尔斯泰动笔创作时，想以此写一部道德教诲小说。初稿完成后，定名《科尼的故事》。但他对初稿极不满意。随着对社会问题的深入思考，他意识到"必须从农民的生活写起，明白了他们才是目标，

←托尔斯泰和家人

才是正面的东西。"在10年创作过程中，他又数易其稿，最后确定"从开庭（法庭）的情景写起，立刻写出法律的欺骗和使它正直不阿的必要性"。这就使农民问题同揭露专制国家机器的腐败和暴虐结合起来，在广阔的社会背景上深化了作品的主题。

小说描写贵族青年聂赫留朵夫到姑母的庄园做客，诱奸了使女玛丝洛娃，随后又遗弃了她。怀孕的玛丝洛娃被赶出庄园，历经折磨和凌辱，沦为妓女。10年后，玛丝洛娃因被人诬告而下狱，在法庭上与作为陪审员的聂赫留朵夫相遇。聂赫留朵夫受到良心的谴责，决心赎罪。他为玛丝洛娃四处奔走上诉，并打算与她结婚。上诉失败后，他处理掉自己的田产，陪同被流

→ 托尔斯泰一家

放的玛丝洛娃一同去西伯利亚。玛丝洛娃在聂赫留朵夫虔诚忏悔的感召下，由恨转为爱，并改掉了多年来养成的一些恶习。为了不损害聂赫留朵夫的名誉地位，玛丝洛娃与被流放的民粹派革命者结合。聂赫留朵夫也在宗教中找到自己的归宿。

《复活》以上述情节为基础，在极其广阔的俄国社会生活的背景下，揭露了沙皇政府的法庭、监狱和政权机关的黑暗，从根本上否定了沙俄国家暴力机器。作者借聂赫留朵夫的口说，沙皇专制制度的统治，"是经常地在许多世纪中做的，唯一的差别就是，以前是剜鼻和割耳，后来是火烙和绑铁柱，而现在是上钉，由汽船而不是由马车运送犯人"。这种由好多个世纪沿袭下来的"法制"的野蛮、残暴和荒唐，通过小说头几章法庭判案的场面再现出来。表面上，法庭"神圣""威严"，挂着"正义"的镜子、沙皇的画像和神像，可审案的法官、检查官们庸俗无聊、荒淫无耻，各揣心腹事；衣冠楚楚的陪审员们，对案情的是非曲直毫不关心，却对无聊的奇闻轶事津津乐道。他们胡乱给玛丝洛娃判了4年苦役，明知错了也不改正。执法者如此践踏真理和正义，高官显宦就更为昏庸残暴。前国务大臣一生最大的愿望，是"从国库多取钱财和勋章"；副省长一面命令鞭打犯人，又一面强迫犯人称自己为恩人；枢密官把蹂躏残害革命者作为"高尚、勇敢、爱国主义的事业"；要塞司令因"杀死一千多个卫护自由、房屋与家庭的人"，而获得十字勋章。作家愤怒地指出："吃人不是在荒野开始的，而是在各部、各委员会、各政府衙门开始的，仅仅是在荒野结束

←托尔斯泰

的。"沙皇俄国从地方到中央，从外省到首都，到处"充满着整个现代生活的暴力和伪善"。

作品辛辣地嘲讽了专制制度的精神支柱——官方教会，揭露了它与暴力机器互为表里、蒙骗和残害民众的罪恶本质。小说中那个官方教会的老神父，引导人们"庄严宣誓"，教人不贪私利。可是他在任职数十年间，掠取到一笔极为可观的财产，甚至连他的外形也丝毫没有"上帝仆人"的榜样，完全像个肠肥脑满的油滑商人或肉食店的屠夫。至于神甫把碎面包浸在酒里充当上帝的肉和血，叫犯人吃喝以"清理罪恶"，更是一幅绝妙的讽刺漫画。由于托尔斯泰对官方教会的揭露是那样尖刻、有力，描写祈祷仪式的章节曾被沙皇政府检查官删掉，教会因此开除了作者本人的教籍。

小说对地主土地占有制给农民造成的破产和贫困，

作了极为深刻的揭露和批判。作者怀着沉痛的心情如实再现了农村的惨景：农民一贫如洗。一个12口人的老农之家，只有3口人的粮食，他家老屋即将倒塌，却根本无力修补。沿街乞讨的农妇怀里抱着孩子，"这孩子整个衰弱的小脸奇怪地笑着，并且紧张地动着弯曲的拇指。这是痛苦的笑"。面对这种目不忍睹的情景，作者借作品人物之口愤愤地指出，农民"贫穷的主要原因是和白昼一样明显，这就是人们被地主夺去了他们唯一赖以生活的土地"。他代表千百万农民发出沉痛的呼吁："土地不能成为任何什么人的财产，它跟水、空气、阳光一样，不能买卖。不管是土地或是土地给予人类的各种利益，所有的人都有同等的享受权

← 《复活》·电影·1960年

利。"此外，小说还描写了大批农民丧失土地而流入城市，充当廉价劳动力，过着比乡下还要糟的生活。这无疑代表了作者对他自己尚不理解的资本主义"怪物"提出的抗议。

《复活》"对现代一切国家制度、教会制度、社会制度和经济制度作了激烈的批判"（列宁语），充分显示了作者最清醒的现实主义和巨大力量。但是，由于托尔斯泰所处的时代，他个人的全部教养和生活经历，只教会他从宗法制农民的立场去批判整个沙皇俄国，因此，带有必然的局限。他的伟大与"可笑的因素"紧密相伴。他批判沙皇专制国家机器，又宣传不以暴力抵抗邪恶；抨击官方教会，又鼓吹"清洗过的新宗教"，企图用"道德神甫"代替

→托尔斯泰

←托尔斯泰一家·1887年

"官方神甫"；否定地主土地占有制，又没有"去反对真正的敌人"；抗议资本主义罪恶，又对无产阶级革命持冷漠态度。托尔斯泰的矛盾，"不仅是他个人思想的矛盾，而且是一些极复杂的矛盾条件、社会影响和历史传统的反映"（列宁语）。

聂赫留朵夫是托尔斯泰笔下一系列"忏悔贵族"的总结性形象，是作家长期的社会和道德探索结果的体现者。作为一个艺术典型，他最鲜明的特征是思想的内省和精神觉醒。青年时代，他有过纯洁的感情，真诚地爱过玛丝洛娃。但经历了彼得堡上流社会和军队生活之后，在腐败、淫乱风气的熏染下，他成了堕落的自私者，为满足个人情欲，造成玛丝洛娃的沦落。作者对这一时期聂赫留朵夫的描写，包含着对贵族阶级的批判。

　　法庭一场是聂赫留朵夫精神觉醒的开始。他从玛丝洛娃的遭遇，认识到自己的罪过，于是忏悔、认罪，并为营救她四处奔走。聂赫留朵夫的精神转变，反映了俄国社会大变革的前夜，在坐卧不安、颇感岌危的贵族中，必然会出现一些觉醒者和叛逆者。他们或为寻找本阶级的出路而探索，或由于意识到本阶级的罪恶而"出走"。从这个意义上来说，聂赫留朵夫的形象具有特定的时代价值。但作者又竭力把他的转变纳入"精神的人"与"动物的人"矛盾斗争的过程，用"道德自我完善"的说教作为他的精神"复活"的框架，致使这一形象真中有假，人中有神，"假"与"神"的实质，是有别于官方教会的农民宗教。它损害了典型人物的真实性和具体可感性。

　　玛丝洛娃是一个被侮辱被损害的形象。作家第一次把一个下层妇女当作正面主人公来描写，这是他的世界观转变的结果。

　　作为一个农奴的女儿，玛丝洛娃具有劳动者纯朴、善良的品性。地主的养女和女仆的双重身份，使她有机会接触贵族青年聂赫留朵夫，并爱上他。但后者的堕落及自己低下的社会地位，决定了等待她的只能是悲惨命运。在被遗弃的那个可怕的夜晚，她目睹聂赫留朵夫在灯光明亮的车厢里喝酒取乐，而自己却在黑

托尔斯泰在弹琴

暗中淋着雨，站着哭泣。她模糊地意识到两人之间不可逾越的鸿沟。从此再也不相信人间会有什么善事，开始过一种"政府所奖励"的，"经常违背上帝的人类戒律的犯罪生活"。作者以满腔同情描写玛丝洛娃的遭遇，表现出强烈的社会批判精神。但是托尔斯泰在这一人物形象的塑造上，也不忘进行"人类之爱"的说教，反复用道德感化"净化"她的意识，让她重新爱上聂赫留朵夫，"而且爱得那么深"。对玛丝洛娃归宿的描写，从作家的主观意图来说，显然是服从于托尔斯泰主义的宣传，在一定程度上损害了这一形象的完整性。不过，玛丝洛娃最终走进政治犯的行列，而不是与聂赫留朵夫结合，又是符合生活真实的。它表明生活本身的逻辑力量在某种程度上克服了作家的思想

→托尔斯泰·1905年

局限。

《复活》集中体现了托尔斯泰在艺术上的一些主要特征。他善于细致入微地描摹人物精神世界里最微小的起伏，再现心理活动的矛盾运动及其发展，以深化和凸现人物的性格特征。聂赫留朵夫在法庭上的种种矛盾、紧张、惶遽的精神状态，就是这种享誉文坛的"心灵辩证法"描写的生动表现。

小说的结构和人物场景的描写，广泛体现了对照性的强化，有利于突出社会批判的主题。玛丝洛娃被押送法庭送审，聂赫留朵夫却躺在弹簧床上想着与贵族小姐的婚事；探监的囚徒家属在哀哭和悲怨，官家太太却在举行家宴，寻欢作乐；走过街头的犯人在烈日下中暑倒下，避暑的贵族乘坐华丽的马车迎面驰来。这些不同命运，不同生活，不同思想感情色彩的对比，揭示了尖锐的阶级对立和矛盾，加强了作品的批判力量。

《复活》充满辛辣尖锐的讽刺，但它不是以艺术的夸张，也不是插入作者的嘲笑，或有意制造人物自身的不协调形成讽刺效果；而是在力求准确的客观描写中展示内容与形式的尖锐矛盾，从而产生强烈的社会讽刺。法庭上貌似庄严，处理案件却轻率得惊人；审判手续很完整，审判材料却虚假失真。专制政府把无辜者投入监狱，却派神甫去"拯救"他们的灵魂；神甫们满嘴"博爱"，周围却响起囚徒身上的镣铐声和他们的婴孩的啼哭声。沙皇专制国家机器的腐朽和残暴，就暴露在作者客观真实的写实性描写中。

小说在艺术上也存在明显的不足：大量的道德说教，过多的抽

←托尔斯泰和妻子、朋友

→托尔斯泰和妻子

象议论和《圣经》教义的引用，有损于作品的结构，削弱了作品的艺术价值。

《复活》作为俄国批判现实主义的巅峰作品，对当权者产生了强大的威慑力，他们因为这部书的出现而坐立不安。沙皇政府的书报检查官们在审查时对它大加砍削，删去的地方达500多处。总共129章的小说，未经删砍的只有25章。其中描写狱中祈祷仪式的两章，揭露专制国家机器残害革命者的章节，全部被删掉。人们第一次读到完整的《复活》，是在1933年苏联出版《托尔斯泰全集》之后。

与沙皇专制政府的态度形成鲜明对照，俄罗斯人民和进步舆论界却从《复活》中感受到巨大的勇气和力量。著名艺术评论家乌·瓦·斯塔索夫说："整个19

世纪还不曾有过像这样的作品。它高于《悲惨世界》，因为这里没有一点幻想的、虚构的、编造的东西，全都是生活本身。"这是"一部铁面无情的书"。托尔斯泰"撕破一切假面具"的清醒的现实主义，已经作为一种具有特定内涵的艺术概念，成为众多富有良知和正义感的作家艺术家，努力达到的思想和艺术境界。

← 托尔斯泰

← 托尔斯泰和家人、朋友

天才比死亡更有力量

> 我希望，革命将同时在各地发生，并将消灭国家的政权。
>
> ——托尔斯泰

历经半个多世纪的艰苦创作，托尔斯泰取得了无与伦比的艺术成就，也赢得了巨大的声誉。尽管贵族地主不喜欢他，官方教会诅咒他，沙皇政府迫害他，作家队伍中有人不理解他。然而，"是太阳，必然要升起"，19、20世纪之交的托尔斯泰已经是举世瞩目的伟人。广大人民把他看成为社会正义和人类美好前途不懈努力的精神斗士，同情人民苦难，鞭笞暴政和伪善的道德权威。他的任何言论和行动，都能引起社会的极大关注。

1901年2月，被《复活》激怒了的东正教事务

→素描，托尔斯泰在田中劳作·列宾

↑油画，托尔斯泰在田里耕地·列宾·1891年

总管理局公布了一项关于革除托尔斯泰教籍的决定，一封封恐吓信随之而至，有人扬言要封住他的嘴巴，诅咒他会像狗一样死去。但整个进步社会都在支持托尔斯泰：莫斯科举行了浩大的示威游行；在彼得堡艺术展览会上，列宾画的托尔斯泰肖像缀满鲜花；人们站在画像前发表演说，高呼"乌拉！托尔斯泰"。在成千上万表示支持、慰问的书信、电报和礼物中，马利采夫玻璃厂全体员工赠送的绿色大玻璃格外引人注目。上面写道："您也遭到许多走在时代前面的伟人同样的命运，最尊敬的列夫·尼古拉耶维奇！过去他们死于火刑，长期被监禁在牢狱中，或被流放。尽管伪善的最高教主费尽心机把您革除教门，但俄国人民始终把您当作自己伟大的、高尚的、可爱的人。"

教会对托尔斯泰的迫害在国际上引起强烈反应。进步的人们认为，托尔斯泰的伟大作品，连同他的艺术才能和高尚人格，都是全人类的宝贵财富。对他的迫害就是对人类进步和正义事业的威胁和亵渎。人们纷纷从世界各地寄来信件和电报，抗议沙俄政府的野蛮无理，对他们敬重的大文豪表示慰问。美国俄亥俄州海得尔堡文学家协会宣布，他们选举托尔斯泰为该会会员。而就在几年前，托尔斯泰已接到来自大西洋彼岸的通知，他被选为国际作家协会名誉副主席。这一切都在证明一个朴素的真理：为人民创作的作家，人民心中也装着他。

人民群众的声援和爱戴，对沙俄政府和官方教会是一种震慑和警告，他们惧于托尔斯泰的巨大威望，

→油画，在书房的托尔斯泰·列宾·1891年

不敢采取进一步的迫害行动。据说，一个宪兵将军对前来"投案自首"的托尔斯泰说："伯爵！您的名声是那样之大，我们所有的监狱也容纳不下啊。"一些攻击和谩骂托尔斯泰的御用文人、卑鄙的小报记者，也悄悄地收起了秃笔。一个叫苏沃林的人曾写道："我们有两个皇帝，一个是尼古拉，一个是列夫·托尔斯泰。他们两个中间谁更有力呢？尼古拉二世拿托尔斯泰毫无办法，不能动摇他的宝座一下，而托尔斯泰，毫无疑问，却正在动摇尼古拉的宝座和他的王朝。"

← 素描，托尔斯泰在写作·列宾

随着托尔斯泰的作品在世界许多国家翻译出版，各国文学界、思想界对其博大精深的艺术有了更多的了解，形成了专门研究他的创作思想、艺术成就的评论家队伍。不少文学艺术家、思想家、社会活动家从世界各地来到他居住的地方，同他交谈，向他求教，

→ 1901年，73岁的托翁在家中阅读。

亚斯纳雅·波良纳成了人们注目的文化中心。自然，更多的人是通过书信与他结识。从这里，引出了不少文坛佳话。

19世纪90年代，刚刚涉足文坛的法国青年作家罗曼·罗兰，面对西方的文艺现状忧心忡忡，给托尔斯泰写信，探询拯救艺术的见解。托尔斯泰及时回了封长信，信中批判了资产阶级艺术脱离现实生活的颓废倾向，阐发了

罗曼·罗兰（1866—1944），法国思想家，文学家，批判现实主义作家、音乐评论家和社会活动家。

自己民众艺术的思想，给罗曼·罗兰留下了深刻印象。这样，托尔斯泰作为罗曼·罗兰艺术生涯上的启蒙老师，对他终身的文学活动产生了重要影响。1911年，罗曼·罗兰写成著名的《托尔斯泰传》，突出这位俄国大文豪追求信条、疾恶如仇，献身民众事业的品质，尤其以理想化的笔调表现他的精神力量。可惜托尔斯泰已经去世，无法感受忘年至交文友的真挚友情。

← 托尔斯泰和高尔基

从获得最初的声誉到蜚声文坛，托尔斯泰先后收到的信有5万件之多。这些来自俄国最遥远的角落和世界各地的信，成为研究作家生活与创作的丰富材料。

托尔斯泰晚年十分关注俄国文坛上青年作家的成长，对每一个崭露头角的新秀、都予以鼓励和扶持。1900年1月13日，托尔斯泰与高尔基会见了，这是俄国文学史上的一件大事，象征着伟大事业的交接。托尔斯泰勉励《海燕之歌》的作者，"您是个真正的平民，但是您什么也不要怕，您要如实地把您感受到的东西说出来。"他们都共同感受到伴随着新世纪日益临

→托尔斯泰与契诃夫

近的暴风雨。已经享名的契诃夫也来到亚斯纳雅·波良纳。他曾在剧本《三姊妹》中写道：席卷"一切的强大风暴已经孕育成熟，它来了，已经迫在眉睫"，表明他与托尔斯泰、高尔基感受一致，息息相通。对于晚年托尔斯泰在俄国文坛的意义，高尔基说过一段话，"在地球上，只要这个人活在世界上，我就不是无依无靠的孤儿"。

　　1901年，托尔斯泰身染重病，遵照医生的劝告，他前往克里米亚疗养。消息一经传开，沿途都涌满了欢迎的人群。在他到达自己当年战斗过的塞瓦斯托波尔时，当地群众以盛大的游行仪式表示对他的崇敬。在克里米亚的加斯普拉。托尔斯泰每天都要接待许多慰问者。他们中有诗人巴尔蒙特、画家米亚索耶多夫，还有工人革命家。人们盼望他早日康复，但他的病情却逐渐恶化。高尔基心情沉郁地给文友乌·亚·波塞写信："可能在你收到这封信时，托尔斯泰已经不在了。在俄国，死去像托尔斯泰这样的伟人还是第一次……"

　　沙皇政府却因为托尔斯泰病重而暗自高兴。莫斯科书报检查委员会打算在他逝世后，禁止刊登有关他生平的文章。教会密谋以欺骗手段，宣布托尔斯泰临终前皈依教会。但政府与教会的阴谋未能得逞，托尔斯泰奇迹般地挣脱了死神的纠缠，几个月后，又回到了亚斯纳雅·波良纳。高尔基说，这是因为"天才比死亡更有力量"。

　　托尔斯泰的晚年生活比以往更为紧张、繁忙。他要迎战来自官方、教会、市侩文人的攻击、迫害和污蔑；要接待国内外的来访者，写信回答人们提出的各

←托尔斯泰在书房

种问题，还要与衰老与疾病抗争。但他始终没有停止过笔耕，一直到生命的最后一息。因此自《复活》之后，他仍发表了为数不少的中、短篇小说，并写了几部著名戏剧。主要的有《哈吉穆拉特》（1804年）、《魔鬼》（1911年）、《活尸》（1911年）、《舞会之后》（1911年）和《谢尔盖神父》（1912年）等。

中篇小说《哈吉穆拉特》是托尔斯泰最后十年中所写的成就最高的作品。小说以历史事件为素材，描写19世纪中叶高加索山民反抗沙俄征服的斗争。主人公哈吉穆拉特是少数民族首领沙米尔手下的一员勇将，因与沙米尔反目而投奔俄国人。他要求用俘虏换回家眷。可俄国人不予以理睬，哈吉穆拉特被迫只身行动，却被俄国追兵打死。作家笔下的主人公是个复杂矛盾

→ 托尔斯泰和家人、朋友

的形象，他生长在崇山峻岭，是"自然之子"，培养了刚毅勇猛、率直坦诚、执著顽强的性格。他热爱亲人和故土，但为了一时的义愤和个人恩怨，背叛了民族，并表现出一定的权势欲和宗教狂热。作家在小说中提出了道德准则、社会和政治观点等一系列问题。谴责了俄罗斯军队对高加索村落的破坏，批判性地勾画了暴君的形象。小说在写景与对事物的描绘上，可与《哥萨克》相匹。托尔斯泰自己觉得这部小说可以写得更好些。这反映了他烈士暮年，仍孜孜不倦地追求艺术的完美。

《舞会之后》是托尔斯泰短篇小说中的名作，描写一个在舞台上风度翩翩、彬彬有礼的军官，在台下就变成最残忍的虐待狂，用夹队鞭刑来惩罚有过错误的士兵。这种台上是人，台下是兽的对照性描写，深刻暴露了专制制度的虚伪和凶残，实为对作者宣传的博爱主义的讽刺。清醒的现实主义创作，在一定程度上克服了托尔斯泰学说的弱点。

托尔斯泰一生以小说为著。但中晚年出自批判社会、阐发思想的需要，还撰写了大量的文章，保存至今的共290篇，已完成的164篇，其中政论文占多数，构成他文学遗产的重要部分，显示了托尔斯泰作为思想家的特质。在他的全部政论文中，最有价值的是世

→坐在庄园长椅上的托尔斯泰

界观转变后的文章。他早年写过文学论文，如《人们为什么写作》（1851年），肯定文学的崇高使命；《在俄罗斯文学爱好者协会上的讲话》（1859年），主张文学应当适应社会的要求，强调为人民而创作。晚年的论著《莫泊桑文集序》（1894年）、《什么是艺术?》是托尔斯泰最有代表性的文艺批评著述。前者强调忠于现实主义艺术原则，要求作家持有道德评价的尺度，明确"善恶"之间的区别。后者是为反对"为艺术而艺术"的唯美主义而作，揭示了颓废派艺术的反人民性及其哲学基础，再次阐发了人民艺术的思想。

除此之外，日记和书信也是托尔斯泰文学遗产的重要部分。他从1847年开始写日记，一直坚持到晚年。这部分文字是他不断反省自己，进行心灵探索的记录，也是他锻炼笔力，掌握揭示人物内心生活秘密的手段。

托尔斯泰以一生的创作，建起了一座宏伟壮丽、多姿多彩的思想和艺术的圣殿。

巨星陨落

我爱真理……非常……爱真理。

假如继承人把我的全部著作交给人民，那将是极好的事。

——托尔斯泰

1908 年 8 月 28 日，身患重病的托尔斯泰坐在轮椅里度过了他 80 诞辰。国内外无数的团体和个人寄来贺词。彼得堡大学学生团的贺词写着："您那一贯真诚的和真实的艺术语言千百次地唤起民众的良知，使人们想到农民群众的苦难，想到勤劳和忍耐的无声英雄，想到争取人类正义的孤独的战士……"一家工厂的工人们在写给他的信中说："在您美好一生的 80 寿辰的日子里，全世界都虔诚地拜倒在您的伟大的天才面前，人人都称颂着您的名字，而非常光荣地作为你的祖国的国家向您致敬时，却不敢吭声。可是，尽管那些暴力的愚昧奴才们，自由和真理的迫害者们用一切惩罚来威胁我们，这一天我们仍然不愿意也不能够沉默。"大英博物馆代表送来的贺信，有包括肖伯纳、威尔斯、

梅瑞狄斯等在内的800多文学艺术家的签字。

在一片热烈的祝贺声中，也夹杂着几声言不由衷的恭维或恶毒的咒骂，这来自官方和教会。托尔斯泰一生有数不尽的挚友，却没有私敌。对他的一切攻击都因为他起劲地为人民说话，不仅对俄国人民是这样，对其他国家人民也如此。他对备受帝国主义欺凌的中国人民同情至深，在《不许杀人》（1900年）一文中谴责了西方列强在中国的掠夺和残暴，多次表示过非常想访问中国。他对古老悠久的中国文化的敬佩，与他的作品的广泛流传同质。

就在他盛名空前之时，他的家庭却出现了裂痕。

晚年托尔斯泰与他的爱马，直到生命最后一年他都能够轻松地骑马。

托尔斯泰与妻子索菲娅的婚姻一直很美满。索菲娅不仅是他生活上的伴侣，而且也是他事业上的助手。《战争与和平》《安娜·卡列尼娜》都是经她的手誊写的。索菲娅还是他每一部新作的第一个阅读者和评判人。但托尔斯泰在世界观转变的过程中，尤其是转变之后的许多言行逐渐引起索菲娅的不满。她对托尔斯泰不用仆人服侍、生活自理的"古怪"看不顺眼，以为是伯爵暂时的病态。可是，托尔斯泰与官方、教会的对立越演越烈，对农民的苦难越来越关心，甚至提出放弃财产、靠自己的劳动生活，这是她不可能接受的。夫妻间的关系出现裂痕，并日益扩大。80年代中期，这种矛盾达到十分尖锐的程度。托尔斯泰交出了全部财产事务处理权。但看着家人毫无羞愧地过着寄生生活，心里十分痛苦，甚至觉得流浪汉生活也许比这要好些。他曾多次弃家出走，又因怜爱孩子，寄希望于妻子的改变而没有走成。但"出走"的念头却潜存下来了。

　　进入90年代，完成了世界观转变的托尔斯泰对家庭的贵族生活方式更加不满了。他觉得"周围的生活

← 晚年托尔斯泰

→ 1909年，81岁的托翁在波纳良庄园。

变得越来越荒唐：吃、穿、各种玩乐、浮华、戏谑、挥霍"，除了这些，没有别的。索菲娅身上的贵族习气，对财产的过分看重，对农民的不友好态度，更使他感到痛苦不安。他甚至要煞费口舌地劝说，才能使妻子取消不允许农民到森林里割草的禁令。而索菲娅从出版他的作品中获得利益时的满足，更使他惊讶。他由此想到了应该立遗嘱。

正式的遗嘱是在森林中秘密写成的。1910年7月22日（俄历），托尔斯泰背着家人，坐在森林深处的一个树墩上，膝盖上垫块硬纸板当书桌，写好遗嘱，签好姓名。遗嘱明确规定，他过去和今后所写的一切文学作品和其他文字，无论是否完成或发表，也无论现在何处，在他身后一律归小女儿亚历山德拉掌管，万一她比父亲早逝，则归长女塔季娅娜掌管。她们将实现他的夙愿，完全放弃版权，使这宗遗产为全民所有。托尔斯泰的作品不是某个人的私有财产，而应为全体人民所共有，每个人都有权无偿地出版和翻印他的一切著作。托尔斯泰的决定使索菲娅感到气愤，她辛勤持家48年，而现在"自己占据了半个世纪的地位被剥夺了"。她决心要把遗嘱找出来，废弃它。

1910年10月27日深夜，从书房里传出来的响声和翻动纸张的声音，打断了托尔斯泰回忆往事的思路。他意识到，是索菲娅仍在寻找遗嘱。过了一会，她走进他的卧室，若无其事地询问他的健康。托尔斯泰再也不能忍受了。他决心"尽快走，尽快！"当四周寂静下来后，他留下了最后一封信，说明出走的必要，然后叫醒自己的挚友马科维茨基医生，乘上马车，向施切基诺火车站驶去。第二天到了沙马尔丁诺，为的是向当修女的妹妹玛利亚·尼古拉耶芙娜告别（这也许是永别）。几天后，他们乘上南驰的火车。但这位82岁高龄的老人沿

↓1909年，托尔斯泰和孙女在一起。

← 躺在床上的晚年托尔斯泰

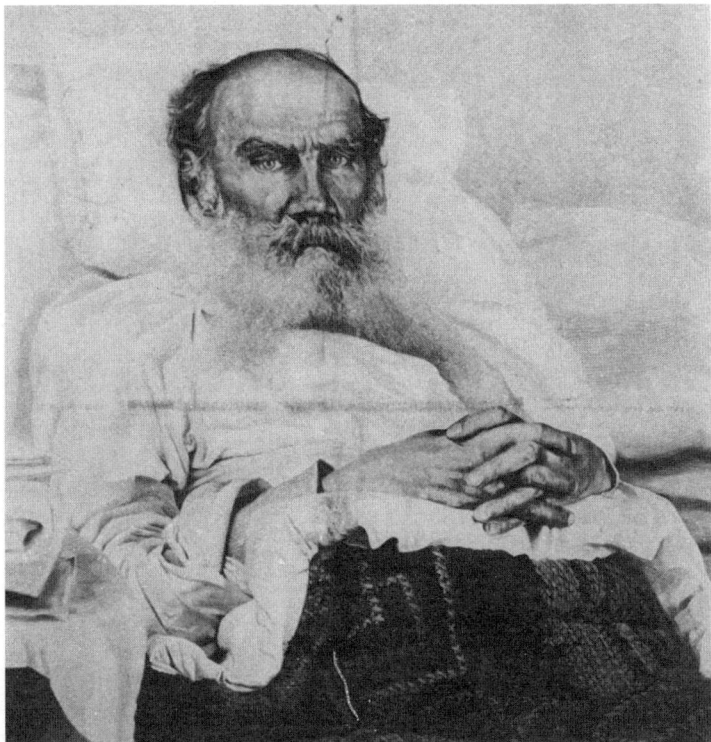

途着了凉，加之旅途颠簸劳累，终于病倒在途中。人们把托尔斯泰安置在阿斯诺波沃小站的站长室里，经医生诊断，他患了肺炎。

　　托尔斯泰病倒的消息迅速传遍全世界。从不见经传的小车站顿时成了成千上万的人们关注的中心。许多人自发地来到车站，探听作家的病情消息。但奇迹再没有出现，当索菲娅赶到丈夫身边时，他已经不省人事。……1910年11月7日凌晨，这位俄国大文豪终于停止了呼吸。他留下的最后几句话是："你们要记住，除了列夫·托尔斯泰，在世上还有无数的人，而你们却盯着列夫一个人。"

托尔斯泰的逝世使俄国一切进步人士行动起来，尽管专制政府不准人民举行悼念仪式，可是人们冒着被警察逮捕的危险，从四面八方赶来，护送灵柩离去。

亚斯纳雅·波良纳的人们用朴素而隆重的民俗葬礼，安葬了作家的遗体。他生于斯，长于斯，葬于斯，生命、灵魂与这里的山水草木融为一体，如同他的伟大业绩早已同俄罗斯的历史和命运融为一体。

托尔斯泰所创造的无与伦比的精神成果，过去、现在和将来，都属于整个人类。

位于波纳良庄园的托尔斯泰墓，被奥地利作家茨威格称为"世界上最美丽的坟墓"。

相关链接

XIANGGUAN LIANJIE

托尔斯泰的重要作品

《童年　少年　青年》（1851—1857）

《战争与和平》（1866—1869）

《安娜·卡列尼娜》（1873—1877）

《复活》（1889—1899）

《袭击》（1853）

《伐林》（1853—1855）

《一个地主的早晨》（1856）

《家庭幸福》（1858—1859）

《哥萨克》（1853—1863）

《两个骠骑兵》（1856）

《阿尔别特》（1857—1858）

《琉森》（1857）

《启蒙读本》（1871—1872）

《伊凡·伊里奇之死》（1884—1886）

《克莱采奏鸣曲》（1891）

《谢尔盖神父》（1912）

《舞会之后》（1911）

《霍尔斯托密尔》（1863—1885）

《伪息券》（1911）

《为什么?》（1906）

《柯尔涅依·瓦西里耶夫》（1905）

《民间故事》（1881—1886）

《教条神学研究》（1879—1880）

《我的信仰是什么?》（1882—1884）

《教会和政府》（1885—1886）

《那么我们该怎么办?》（1882—1886）

《天国在您心中》（1890—1893）

《当代的奴隶制》（1899—1900）

《论饥荒》（1891）

《可怕的问题》（1891）

《饥荒抑或不是饥荒》（1898）

《论俄国的社会运动》

《深重的罪孽》

《致农民的论土地的信》（1905）

《关于莫斯科的调查》（1882）

《唯一的手段》（1901）

《论俄国革命的意义》（1906）

《究竟该怎么办?》（1906）

相关链接
XIANGGUAN LIANJIE

东西碰撞：托尔斯泰晚年的"中国热"

托尔斯泰作为思想家，对东方哲学思想尤其是中国的儒道墨思想十分推崇，并尽力译介到俄国。托尔斯泰自1900年起重点研究孔子，开始译述《大学》和《中庸》。在研读孔子的同时，托尔斯泰写作了严厉斥责八国联军屠戮中国人民的罪行的论文《不许杀人》，以及论文《出路何在？》和《难道应该这样吗？》。在这一时期，中国事件成为托尔斯泰每议时事必当提及的最关心的问题。甚至可以说，这一时期托尔斯泰对中国古典文化思想的研究的热情正是和这一事件紧密相关的。

自1900年10月至次年2月，托尔斯泰曾4次写作致中国人民书，他写道："那些现在在你们那儿犯下滔天罪行的明火执仗的人们，他们自称是基督教徒，不要相信他们。他们不是基督教徒。这是一帮毫无廉耻、十恶不赦的匪徒……"

他和中国的著名学者辜鸿铭以及张庆桐先生有过通信联系，编选出版了《中国贤人老子语录》，撰写了《论老子学说的真髓》《论孔子的著作》《论〈大学〉》等论文，在文章中称"中国人是世界上最爱好和平的民族，他们不想占有别人的东西，他们也不好战"。托尔斯泰对中国哲学思想和中国人的认同，以及他追求道德自我完善的思想动因，促使他对遭受帝国主义侵略和压迫的中国人民表示过深厚的同情。当1900年八国联军攻陷天津、北京和镇压义和团的英勇反帝斗争时，他表示了极大的愤慨，写出了有名的政论文章《不准杀害》，对八国联军的烧杀抢掠提出了严正的抗议。

　　1909年自春至冬，托尔斯泰都在研究中国的哲学、文学和民俗学。可以说，托尔斯泰是在对中国古典文化思想的执著探索中离开人世的。